PON LÍMITES, NO PANTALLAS

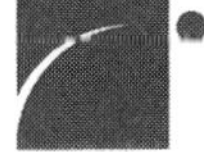

Dra. Carmen López Suárez
@carmenhijosconexito

PON LÍMITES, NO PANTALLAS

Cómo educar en el siglo XXI sin perder el norte

Rocaeditorial

Primera edición: junio de 2025

Printed in Spain – Impreso en España

ISBN:978-84-10274-22-8
Depósito legal: B-6366-2025

Compuesto en Grafime, S. L.

Impreso en Unigraf
Móstoles (Madrid)

RE 74228

Para Mariem e Ismael, mi inspiración
a la hora de estudiar e investigar.
Y para Kaddouri. Os quiero mucho a los tres.

ÍNDICE

INTRODUCCIÓN

Llevo muchísimos años dándole vueltas a escribir este libro. Aunque escribo con frecuencia artículos científicos y también divulgativos para mis redes sociales, siempre he tenido la necesidad de plasmar mi conocimiento y mis experiencias en un texto único. Sin embargo, la vorágine del día a día ha ido retrasando este proyecto que tanta ilusión me hacía.

Cuando mi hija nació, ya había acabado la carrera de Pedagogía y estaba empezando el doctorado. Me sentía segura de mí misma y creía que sabía mucho de educación. Sin embargo, no tenía ni idea. No fue fácil mi primera maternidad. Siempre pienso que podría haberlo hecho mejor si hubiera sabido más.

Con este libro —y con el siguiente, cuya publicación se prevé próximamente— pretendo aportar información a madres y padres —o a abuelas, abuelos, tías y tíos... que se encuentran con la difícil tarea de educar a menores ante la ausencia de sus padres— con el fin de que encuentren el camino para criar con salud y serenidad, al tiempo que erradican comportamientos que, aunque «se hayan hecho toda la vida», suponen un riesgo para la criatura.

Antes de empezar, me gustaría contarte algo muy personal que me ocurrió cuando fui madre por primera vez. Quizá, en apariencia, no esté muy relacionado con los capítulos de este libro. Sin embargo, aquel año fue concluyente en mi decisión de formarme en profundidad para divulgar sobre crianza.

Mi hija mayor, que ahora tiene treinta y siete años, estuvo llorando sin parar el primer año de vida. Era demoledor. Mi marido trabajaba mucho (todas las mañanas y numerosas tardes y noches de guardia).

Cuando llegaba a casa tras veinticuatro horas sin dormir pretendía descansar y, con frecuencia, alegaba: «Llevo todo el día sin parar, tú estás en casa y no estás tan cansada». Yo entonces me subía por las paredes.

Apuntaba cada día las franjas en las que mi hija dormía porque el pediatra me lo había pedido. Muchos días, pasábamos prácticamente las veinticuatro horas despiertas. Durante meses, no dormí nada. Mi marido, como al día siguiente tenía que ir al trabajo, se iba a otra habitación.

No tenía cerca a la familia. Tampoco tenía amigas (llevaba poco tiempo viviendo en la ciudad). Nadie me había contado que eso podía ocurrir; además, hace tantos años no había apenas información. Me sentía sola, incomprendida, agotada y muy frustrada. Estaba muy triste y cansada. Nadie me consolaba.

(Quiero ser honesta, mi marido dice que mi recuerdo está mediatizado por el enorme sufrimiento de aquellos meses. Asegura que, como residente de primer año de Cirugía, hacía las guardias que le ponían en el servicio y no estaba en su mano reducirlas, porque su formación no hubiera sido la que marca la ley. Afirma que, entonces, las opciones de conciliación eran muy distintas y que, tras los tres días de permiso oficial, no tenías derecho a pedir más. Insiste en que cuando llegaba a casa no se acostaba «ni se ponía a ver la tele». Así que no nos ponemos de acuerdo en lo que realmente ocurrió. Solo hablo de mi terrible recuerdo de aquel tiempo).

No podía entender por qué me sentía tan indefensa, tan vulnerable e insegura. Se supone que tenía que estar inmensamente feliz, como siempre había escuchado. Pero la realidad era muy distinta. Pasaban los meses y no conseguía recuperarme. Cada vez estaba más triste y lloraba más. Estaba agotada. Me sentía juzgada. El carrusel de emociones iba y venía. Unas veces sentía culpa; otras, rabia; otras, estaba enfadada; y otras, tenía miedo, mucho miedo. Siempre tenía miedo.

El llanto continuado y penetrante de una bebé inquieta tanto que, con frecuencia, va elevando el estrés y la desesperación. Aunque seas la persona más pacífica del mundo, poco a poco va apareciendo una agresividad que nunca piensas que pudiera haber en ti.

Cada vez que iba al pediatra le pedía ayuda, y él me decía: «Entre toma y toma, la dejas en la cuna, no la cojas, y cada tres horas le das de mamar. Así se terminará calmando».

Si alguna vez preguntaba a mi madre por teléfono, me decía lo mismo. «A los bebés no se los coge entre toma y toma, hay que dejarlos llorar». Me resultaba extraño, pero a cada persona a la que preguntaba, me respondía lo mismo. «Déjala llorar, las madres de ahora sois unas neuróticas».

Tan solo me consolaba una cosa: dar de mamar a mi hija. Me encantaba. Era lo único bonito del día. Además, era el único momento en que no lloraba. ¡Dar de mamar era una delicia!

Tiempo después, una psicóloga me contó que había tenido una depresión posparto. Una depresión que había llevado sola, con mucho temor, en silencio y avergonzada por no estar feliz. También supe la locura que había cometido (no pedir ayuda, obedecer a los médicos que me decían que no cogiera a mi hija en brazos si lloraba...). Sentí un dolor y una culpa que me atormentan hasta el día de hoy.

A los siete años nació mi hijo. Él también lloró, pero ya estaba informada y formada. Aquel posparto lo gestioné con unas habilidades que me faltaron con mi hija, no solo por la edad, sino también por la desinformación.

Una de cada cinco madres que da a luz sufre depresión posparto. Los nueves meses de embarazo conllevan gran cantidad de cambios en la mujer, tanto a nivel físico como emocional. El cerebro sufrirá importantes transformaciones y la concentración de hormonas es tal que, en nueve meses de embarazo, una mujer acumula más concentración de hormonas que en cuarenta años de vida.

La maternidad está muy romantizada y llena de mitos. No siempre la transición de una vida sin hijos a una con ellos es fácil. No siempre sabemos lo que significa cuidar a un bebé. Desconocemos cómo transforma la maternidad y la paternidad.

Creemos que todo va a ser felicidad o que nada más nacer el bebé sentiremos un flechazo directo, pero no siempre es así. La depresión o la tristeza aparecen con cierta frecuencia. La lactancia materna es satisfactoria para algunas madres, pero no para otras. Jamás debemos sentirnos culpables con la decisión que tomemos. Por último, tenemos que ser conscientes de que, en mucho tiempo, no volveremos a dormir del tirón.

Tras los primeros años de crianza (y de sueño), llega una etapa de relativa tranquilidad, la infancia, y a continuación, otra en la que seguramente tendrás más de un quebradero de cabeza (y quizá también algo de falta de sueño), la adolescencia.

Ser madre o padre hoy en día es más difícil que nunca. Me encuentro con frecuencia a progenitores desbordados, estresados y perdidos ante los retos educativos del día a día. Tenemos las mayores tasas de fracaso escolar, casos gravísimos de acoso escolar, violencia sexual, adicción a las tecnologías, inestabilidad emocional, problemas de conducta y absoluta indisciplina.

Cuando terminé mi carrera y más tarde el doctorado, me prometí a mí misma ser la mejor orientadora familiar del mundo, ¡qué promesa tan bonita!, me emociono al recordarlo. A eso he dedicado mi vida profesional, a formarme e investigar para ayudar a madres, padres y adolescentes. Por eso tengo la impresión de que algo no está funcionando del todo bien. Quizá tengamos que empezar a pensar en cómo estamos educando y si podemos cambiar algo.

Con este libro aspiro a ser el faro que ilumine tu travesía hacia la costa, con el fin de que tu navegación sea serena, segura y sin culpas. No pretendo adoctrinarte sobre cómo debes navegar. Tú gobiernas el barco, yo solo te doy luz. Coge el timón y empieza a pilotar. Decide cómo te acercarás a puerto. Pero no olvides que vas a necesitar altas dosis de paciencia, amor, renuncia, entrega, valentía y conocimiento.

Espero de todo corazón que las siguientes páginas te sean de ayuda. Están escritas desde el rigor científico, la más absoluta profesionalidad, desde la experiencia y el amor por compartir. Creo que cuanto más sepamos, mejor educaremos y más habilidades tendremos para ayudar a hijas e hijos a ser personas sanas y felices. Llevo tres décadas dedicada a la formación de familias. Sé que cuando comparto conocimiento a través de la palabra, en directo, llego a quien me escucha porque soy clara y didáctica. Espero también ser capaz de llegar a ti a través de la palabra escrita.

Como pedagoga, creo en el maravilloso poder de la formación para modificar estrategias, mejorar pautas y reparar errores. Eres una gran madre. Eres un gran padre. No te sientas culpable. No tengas miedo. Lo estás haciendo lo mejor posible, y si lees las siguientes páginas, quizá lo harás un poquito mejor.

Por último, quiero advertirte algo importante. Este libro no es un manual con recetas y consejos empaquetados. Es un mapa que te ayudará a llegar adonde quieres y a educar según tus circunstancias familiares. No te hagas ilusiones: cuando lo acabes, no todo va a ir sobre ruedas en pocos días. Imagina que decides empezar el año haciendo deporte y te compras un chándal de una calidad magnífica. Eso no significa que en pocos días vayas a ser capaz de correr la media maratón. Vas a tener que entrenar mucho si quieres llegar a la meta. Igual ocurrirá en tu familia. Vais a tener que trabajar mucho.

No tires la toalla a la primera de cambio, no bajes la guardia y sé firme, aunque estés hasta arriba. Solo así lo conseguirás.

¿Quién dijo que criar era fácil? No te preocupes, aquí estoy yo para ayudarte.

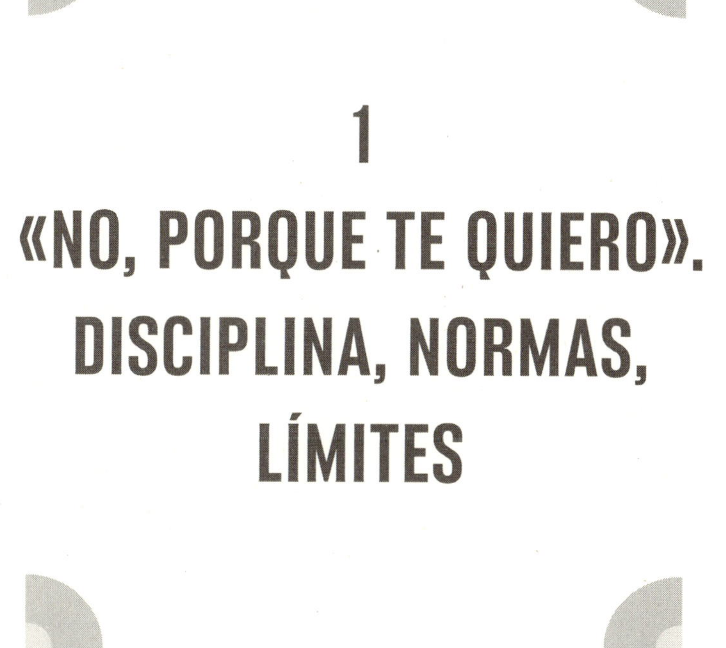

1

«NO, PORQUE TE QUIERO». DISCIPLINA, NORMAS, LÍMITES

Hay una cita de la educadora y psicóloga estadounidense Jane Nelsen que me parece una frase brillante: «De dónde sacamos la loca idea de que, para que un niño se porte bien, primero tenemos que hacerle sentir mal».

A continuación veremos por qué.

LA HISTORIA DE LIDIA Y JUAN

Recuerdo perfectamente el día que conocí a Lidia y a Juan. Venían serios, con cara de preocupación.

En casa recibieron una educación muy estricta. Lidia, sobre todo, tenía una familia muy tradicional, y las niñas en su casa tenían cortadas las alas. «Siempre tuve claro que, cuando tuviera hijos (pero, sobre todo, hijas), no repetiría el autoritarismo con el que me habían educado».

Lidia y su marido estaban de acuerdo en decir los menos «noes» posibles. «Queremos que nuestros hijos sean libres y felices», se justificaron.

«Con mi hijo Miguel aguantábamos carros y carretas. Cuando no podíamos más, terminábamos explotando y todo saltaba por los aires con gritos, castigos y algún cachete», reconocía Lidia.

Sara, la hija, tampoco había recibido muchos límites, porque «era muy buena». Además, los pocos que le marcaban se los quitaban cuando lloraba y «perdía los nervios».

A los dos años, Sara ya sabía perfectamente cómo conseguir que se ablandaran. Si en el parque decían: «Vámonos a casa», seguía a lo suyo. Si insistían o intentaban llevársela a la fuerza, se ponía a gritar, patalear, pegaba a sus padres o les tiraba arena (eso era para Lidia y Juan *perder los nervios*).

> Recuerdo la pelotera que montó el día que cumplió catorce años. Dijo que iba a salir con los colegas del instituto. Cuando le preguntamos a qué hora la recogíamos, dijo que no sabía. Juan no dijo nada. Yo le pregunté adónde iba y me respondió que ese no era mi problema. Tragué saliva y le expliqué que no tenía edad para llegar muy tarde y teníamos que fijar una hora. Pero no pude terminar.
>
> En un segundo estaba gritando como una posesa, dando golpes en la pared, como hacía cuando con dos o tres años nos queríamos ir del parque. Empezó a insultarnos y nos dijo las cosas más dolorosas que jamás he escuchado a mi hija. De pronto se calló,

cogió mi móvil, que estaba encima de la mesa, y lo estampó contra el suelo. Nos quedamos de piedra. No sabíamos qué decir. No nos lo esperábamos. Entonces, la castigué y le dije que no salía.

Estaba claro que Sara sabía que una rabieta era un recurso valioso para conseguir sus objetivos. Solo tenía que enfadarse mucho e insistir con argumentos de lo más variopintos.

Según Juan, los más utilizados eran «los padres de mis amigas son más permisivos» y «soy la única de mi clase que no puede salir hasta la hora que quiere».

Lidia y su marido no eran capaces de sostener un límite. «Nos da pena cuando la vemos sufrir, nos sentimos culpables y rápidamente nos ablandamos. Entonces, cedemos».

«La noche de su cumpleaños, la perdonamos y la llevamos en coche a casa de una amiga, donde tenían pensado celebrar una fiesta». Lidia y Juan preguntaron a la amiga por la madre o el padre. Ella respondió que estaban de viaje. «A las cinco de la madrugada nos llamó la policía para decirnos que Sara estaba en el hospital "con un coma etílico y algo más". Nos dieron los resultados de las sustancias en unos días».

FORMAS DE CRIANZA O ESTILOS PARENTALES

A lo largo de los años, diferentes investigaciones han estudiado la forma en la que nos relacionamos con nuestros hijos, en función del cariño, la comunicación, el control, el establecimiento de límites razonados y el fomento de la autonomía. Es lo que llamamos *estilos parentales*.

> Los estilos de crianza están directamente relacionados con el desarrollo de nuestro cerebro y las conexiones que se van a producir entre sus neuronas, con la forma en que vamos a interiorizar las normas de convivencia, y con los hábitos que vamos a poner en práctica a lo largo de nuestra vida.

La psicóloga Diana Baumrind hizo la siguiente clasificación: **autoritario, permisivo o sobreprotector y democrático.** Ya tiempo después, otros autores incluyeron dos subtipos del estilo permisivo: **indulgente y negligente.**

Debemos tener en cuenta que estos modelos no suelen presentarse de forma pura. Es decir, tenemos un estilo predominante, con diferentes características del resto. Cada estilo puede evolucionar y variar a lo largo del tiempo, según el sexo, el entorno, la edad y las circunstancias personales y familiares.

Acompáñame en la descripción de los diferentes tipos de crianza.

Estilo autoritario

Según Baumrind, los progenitores autoritarios intentan modelar, controlar y dirigir las conductas de hijas e hijos de acuerdo con unas ideas concretas. No suelen expresar de forma visible su afecto, tienen poco en cuenta sus intereses y no suelen razonar las normas. Valoran la obediencia como una virtud y recurren al castigo cuando los hijos no actúan «correctamente», lo que favorece la distancia emocional familiar.

Utilizan frases como «porque yo lo digo», «en esta casa mando yo», «si no me obedeces, te castigo» o «he dicho que no» (sin mediar razón o explicación).

Cuando los menores están fuera de la mirada adulta, suelen comportarse de forma poco autónoma e insegura, se dejan influenciar por sus colegas y tienen relaciones dependientes, lo que se traduce en que presentan más probabilidades de ser víctimas de acoso escolar y sufrir violencia de género.

Es frecuente que chicas y chicos educados con un control férreo terminen rebelándose en casa, especialmente al principio de la adolescencia.

Estilo permisivo

En el extremo opuesto tenemos el estilo permisivo. En este caso, los progenitores muestran una actitud permisiva, cariñosa y de colegueo. Están excesivamente preocupados por cómo se sienten en cada momento su hija o su hijo, si se están aburriendo, si existe algún obstáculo o pueden frustrarse, y por resolverles todos los problemas.

Los deseos de los menores son tenidos en cuenta en todo momento y ellos actúan con gran autonomía. No suelen exigirles responsabilidades, se establecen pocas normas, un escaso control del comportamiento y una sobreprotección constante.

Los menores suelen buscar ávidamente emociones agradables, se muestran vulnerables, inmaduros, exigentes, caprichosos, constantemente «insatisfechos» y presentan dificultades para aceptar normas y jerarquías.

No desarrollan una adecuada tolerancia a la frustración, porque están acostumbrados a que sus deseos sean siempre satisfechos, se muestran irritados en situaciones que no se ajustan a lo que les apetece, no saben cómo afrontar por sí mismos las situaciones complicadas, no se responsabilizan y carecen de la suficiente autonomía emocional.

Incluso, a veces, terminan controlando emocionalmente a sus progenitores, convirtiéndose en tiranos.

Dentro de este estilo parental, algunas investigaciones incluyen el **estilo negligente.** Estos progenitores no exigen responsabilidades, no responden a las necesidades del menor, muestran poco compromiso con su labor parental. Son fríos y distantes. Suelen educar a base de castigos, vacío emocional, violencia verbal, humillaciones, reproches o castigo físico.

El menor está sumido en un estado constante de confusión, alerta e incapacidad para poner límites, decir que no, o defenderse de los demás en situaciones de violencia o maltrato. Obedece por miedo, para lograr un poco de cariño, y no porque tenga claro lo que está bien o lo que está mal. Crece controlando sus emociones.

Las consecuencias del estilo negligente de crianza suelen ser devastadoras. Niñas y niños tienden a presentar toda una gama de secuelas en la personalidad, problemas académicos, emocionales y conductuales debido a que no han crecido en un ambiente afectuoso, ni han tenido guía, ni control.

Estilo democrático

Este **estilo**, también llamado **respetuoso**, es el más equilibrado según todos los trabajos empíricos revisados. Es el de aquellas madres y padres que mantienen una relación cálida, afectuosa y comunicativa con sus hijos. Razonan y están abiertos al diálogo. Valoran intereses, cualidades y necesidades de hijas e hijos, y les exigen responsabilidades. Fomentan la autonomía, establecen límites y supervisan la conducta de sus hijos con firmeza.

Las investigaciones han mostrado que este estilo favorece, en mayor medida, la estabilidad emocional de los menores, debido a que genera un contexto de diálogo, amor, respeto y ejemplo. Se potencian las capacidades del menor de forma constante y coherente.

En el estilo respetuoso, los menores saben que pueden expresar sus emociones (agradables o desagradables), sus desacuerdos y sus temores, porque serán escuchados y no reprendidos. Respetan a los demás sin miedo.

En la crianza respetuosa, los menores presentan niveles más altos de autoestima y de desarrollo moral, manifiestan un mayor interés hacia la escuela, un mejor rendimiento académico, así como una mayor motivación, consumen con menor frecuencia alcohol y otras drogas, son menos influenciables por el grupo de iguales, y presentan menos problemas de conducta en general.

Hagamos ahora un pequeño ejercicio.
¿En qué estilo de crianza crees que Lidia y Juan han educado a su hija Sara?
¿Te identificas tú con algún estilo de crianza?

Empecemos por el principio… ¿Qué entendemos por *educar*? **Educar es nutrir al individuo para que sea capaz de afrontar las dificultades de la vida de forma autónoma. Educar es guiar para que la persona interiorice pautas de comportamiento y valores. Educar es ayudar al sujeto a extraer toda su riqueza interior.**

Generación tras generación, han ido surgiendo innumerables teorías sobre cómo educar a la infancia. Tenemos desde «educar con mano dura» a la «tolerancia máxima».

Hasta hace relativamente poco tiempo, lo más usual era educar con «mano dura», infundir miedo, castigar, gritar o incluso pegar (el estilo autoritario que acabamos de ver).

Cuando yo era pequeña se educaba así; de hecho, a mí me educaron así. Tengo grabado a fuego ese miedo, y más aún, la respuesta autoritaria que recibía cuando preguntaba el porqué de algo. La respuesta era, invariablemente, «porque yo lo digo».

Lidia y Juan se levantaron asustados cuando oyeron el teléfono a las cinco de la madrugada. Cuando la policía les dijo que su hija estaba muy grave en el hospital, en coma etílico, el silencio se apoderó de ellos. Solía ocurrirles cuando entraban en *shock*.

«¿Qué estamos haciendo?», se preguntó Lidia de camino al hospital.

La respuesta estaba clara: se habían ido al polo opuesto de estilo de crianza en el que habían sido educados. Habían transitado del autoritario al estilo permisivo.

«Carmen —me contaba un día Lidia—, en mi casa nos educaron con disciplina, gritos y castigos; yo no quería eso para mi hija. Pero algo hemos hecho mal. Sara está cada vez peor. Ya no podemos con ella».

«¿Disciplina? —le pregunté—. ¿Piensas que la disciplina es sinónimo de gritos y castigos? ¿No te estarás refiriendo a autoritarismo?». Y es que *disciplina* y *autoritarismo* no tienen nada que ver.

Me llama la atención la cantidad de madres y padres que me encuentro que creen que los menores no necesitan límites ni disciplina.

Existe toda una corriente acientífica (que llaman *educativa*) que defiende esta idea en aras del «bienestar de los menores». Está formada por...

- Madres y padres con buena intención (y mucha desinformación).

- Los «nuevos *influencers* de la educación», que se han puesto tan de moda en las redes sociales (con miles de seguidores). Su formación es tan sólida como la de un cursillo de fin de semana con un titulito de nombre rimbombante, que los acredita para formar familias. Déjame ser clara: estas personas carecen de formación rigurosa en pedagogía, psicología o neurociencia. En el mejor de los casos, son buenistas con ganas de ayudar, pero también hay muchas personas y empresas dispuestas a ganar dinero con la vulnerabilidad de las familias. Gente que defiende ideas tan descabelladas y nocivas como que «no es bueno que un menor se frustre», ya que «la propia vida le enseñará a sufrir».

Por ponerte unos cuantos ejemplos de mi cuaderno de campo, esta gente defiende ideas tan nocivas como cambiar la comida si no les gusta, no hacer nada si llegan tarde por la noche, negociar las vacaciones en familia, comprar regalos por buen comportamiento, disponer una estancia en la casa (o su propio dormitorio) para poder tener sexo con la parejita de turno a partir de los doce o trece años y un largo etcétera.

¡QUE LA DISCIPLINA NO TE ASUSTE!

Para muchas personas, la disciplina está cargada de dudas y malos recuerdos. Sin embargo, conocer su significado puede alejarnos de esta concepción tan limitada por nuestra propia experiencia. La palabra *disciplina* procede del latín. Significa «enseñar, aprender, dar instrucciones».

La disciplina, por tanto, está relacionada con aprender destrezas, y no con educar con mano dura, gritar, corregir con rigidez, obedecer sin rechistar o castigar.

> *Disciplina* significa mostrar a nuestros menores qué límites no deben traspasar, cómo gestionar sus emociones y mejorar la capacidad de autocontrol, cómo respetar y hacerse respetar, y cómo tener una vida ética y moral.

Veamos cuáles son los objetivos de la disciplina:

- Por un lado, se pretende que, a corto plazo, el menor haga lo correcto. Por ejemplo, que no pegue a su hermano, que nos dé la mano para cruzar, que haga los deberes, que no nos falte al respeto o que llegue a casa a la hora pactada.
- Por otro, aspira a enseñarle habilidades que permitan a la niña o al niño hacer lo correcto, además de autocontrolarse y tomar buenas decisiones a lo largo de su vida. Tener una especie de Pepito Grillo o criterio moral que guíe su comportamiento, aunque las figuras de autoridad (madre, padre, docentes...) no estén presentes.

A largo plazo, la disciplina proporciona herramientas que nos ayudan a ser personas íntegras, con relaciones satisfactorias y una vida plena.

Visto así, la disciplina solo tiene aspectos positivos. ¿Por qué, entonces, está tan criminalizada?

Simplemente, porque se cree que educar con disciplina significa hacerlo de forma autoritaria, mediante castigos, azotes o gritos. Y nada más lejos de la realidad. Es una de las muestras más importantes de amor y cariño hacia una hija o un hijo.

Educar con disciplina no es fácil. Incluso puede ser agotador o provocar conflictos, no voy a negarlo. Sin embargo, nuestros menores necesitan conocer cómo funciona el mundo, qué es aceptable y qué no, qué está bien y qué está mal, qué pueden hacer y qué no, qué es seguro y qué peligroso, y cómo se tienen que relacionar con los demás.

La familia constituye el primer grupo social al que pertenecemos. Es el lugar donde aprendemos esos códigos. Porque, recuerda: si no se aprenden en la seguridad del hogar, la vida nos los mostrará, pero sin tanto amor.

Por insignificantes que parezcan, las situaciones en las que necesitamos educar con disciplina son, frecuentemente, las más importantes en la crianza.

Son momentos en los que tendremos la oportunidad de guiar a nuestras hijas e hijos, y ofrecerles herramientas que les serán útiles para ellos mismos, para su relación con la familia y para desenvolverse en sociedad.

Somos la madre y el padre quienes, desde el primer momento,

tenemos que marcarles el camino reiterando hasta la saciedad aquellos comportamientos que deben modificar o seguir llevando a cabo.

Necesitan escuchar de sus figuras referentes frases tan esenciales para convivir como «no se pega», «no te puedes colar en la fila», «no se roba», «no te puedes atiborrar de pasteles», «cómo me gusta verte saludar», «qué responsable eres», «no puedes usar el teléfono entre semana, por la noche el dispositivo estará fuera de la habitación» o, a partir de una determinada edad, «no puedes obligar a tu pareja a tener relaciones sexuales contigo», etcétera.

Si queremos que nuestras niñas y niños vayan conformando una brújula interior para afrontar las situaciones que se les van a ir presentando a lo largo de la vida, y que su cerebro establezca las conexiones neuronales correctas, necesitan escuchar instrucciones firmes, claras, coherentes y recurrentes.

La literatura científica no deja lugar a dudas: **los ingredientes fundamentales para que el cerebro se desarrolle de manera sana son el cariño, los límites, la disciplina y la paciencia.** Y ojo, paciencia también deberás tener tú como referente de tu hija o hijo, ya que se estima que el cerebro humano tarda unos veinticinco años en llegar a su madurez. Pero ¡no desesperes! Si sigues leyendo conocerás mejor cómo funciona el cerebro humano y te resultará más fácil usar las herramientas que en este «mapa» te detallo.

¿CÓMO APLICAR LA DISCIPLINA CON UN CEREBRO «EN OBRAS»?

Empecemos por el principio...

EL CEREBRO ADOLESCENTE

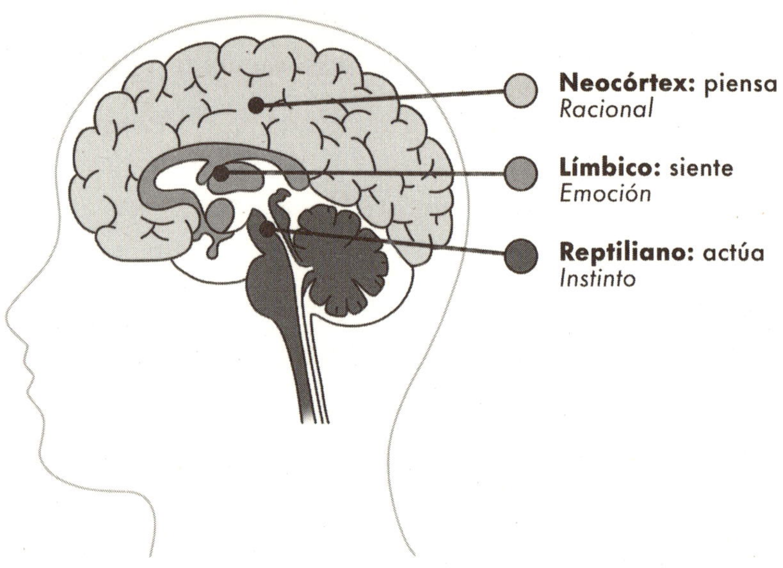

Cualidades del cerebro

El cerebro contiene cien mil millones de neuronas. Está en todo momento en funcionamiento. Su actividad no cesa, incluso cuando dormimos o estamos enfermos.

Tiene dos cualidades importantes en relación con su desarrollo que debemos tener en cuenta a la hora de educar a nuestras hijas e hijos:

- **Se desarrolla de atrás hacia delante** (de la nuca hacia la frente) **de forma jerárquica.** No madura todo a la vez, de manera homogénea, como lo hace, por ejemplo, un brazo. Es como las obras de remodelación de una casa: cada gremio trabaja en un momento diferente.

  Esto quiere decir, según muestran las pruebas de neuroimagen, que primero empiezan a madurar las zonas posteriores del cerebro y a continuación las anteriores. Hasta los veinticinco años —como ya comentábamos—, el cerebro no alcanzará su desarrollo máximo.
- Como descubrió la pionera en neurociencia Marian Diamond, **el cerebro es plástico, maleable, tiene una gran capacidad de cambio y adaptación** al entorno y a las actividades cognitivas que desarrolla, fortaleciendo una zona concreta u otra. Es decir, cambia físicamente con arreglo a las experiencias que va acumulando. Es lo que llamamos *neuroplasticidad.*

  En otras palabras, todo lo que sucede a nuestro alrededor, cada día, condicionará los millones de conexiones neuronales que se producen durante la infancia y la adolescencia, e irán «esculpiéndonos» hasta convertirnos a cada uno en la persona que somos.

Veamos un ejemplo de neuroplasticidad. En el momento del nacimiento, el cerebro de la niña y del niño son prácticamente iguales, a excepción del tamaño (algo que siempre se consideró —erróneamente— una evidencia de inferioridad intelectual), pero si tenemos en cuenta las diferencias en el volumen corporal de ambos sexos, esta disparidad desaparece. Como señala la neurocientífica Gina Rippon, el tamaño no importa, ya que las ballenas y los elefantes tienen cerebros más grandes y no son famosos por ser más brillantes que los humanos.[1]

¡IMPORTANTE!

Se han confirmado pequeñas diferencias en algunas zonas y existe evidencia de que los cerebros de chicas y chicos maduran a distintos ritmos. Sin embargo, en cuanto a sus funciones, no hay evidencia empírica que respalde la falta de similitud. Es un hecho constatado que ambos sexos tienen las mismas posibilidades de razonamiento, memoria, concentración y están conectados de la misma manera.[2]

Si unos y otros cerebros se desarrollan de diferente forma es porque, desde que nacen, los de un sexo reciben unos estímulos y los del otro reciben estímulos diferentes, lo que condicionará no solo la anatomía del cerebro, sino su funcionamiento. Los bebés imitan todo lo que ocurre a su alrededor. La repetición de esos comportamientos diseñará, por tanto, los circuitos neuronales de forma diferente, dependiendo de si eres mujer u hombre.

Creer que los niños están biológicamente programados para entender mapas y las niñas para fregar platos es un grave error. A las niñas les gusta jugar a las muñecas y a los niños hacer construcciones porque es lo que ven y lo copian.

Cuando un estímulo llega al cerebro, este responde con una conexión entre las distintas neuronas. Si esos estímulos son constantes y se repiten una y otra vez, irán moldeando nuestra personalidad y nuestra forma de pensar.

Si una madre o un padre pega, grita, zarandea, maltrata, desatiende o sobreprotege a su hija o hijo durante la infancia y adolescencia, la niña o niño entenderá que estos son estilos válidos de comportarse. Por el contrario, si abordamos cada situación con paciencia, con normas coherentes, respeto, comunicación, firmeza y tolerancia, el mensaje será de amor y confianza.

Dicho de otra manera, cada estímulo genera cambios en mayor o menor medida, ya sea positivo o negativo. Por ejemplo, distintos estudios muestran que los violinistas tienen las regiones de la corteza que representan la mano izquierda más grandes de lo normal; sin embargo, las investigaciones también han comprobado que los menores que han sufrido abusos sexuales en la primera infancia tienen cambios específicos en determinadas áreas del cerebro.

Por ello, esta cualidad del cerebro tiene enormes repercusiones en nuestra función como madres y padres. Si las experiencias repetidas cambian la arquitectura del cerebro, tenemos que cuidar aquellas que proporcionamos a nuestros menores y cómo nos comunicamos con ellos.

Todo lo que ven, oyen, sienten, tocan o incluso huelen causa un impacto en su cerebro. Cuando una experiencia se repite una y otra vez, intensifica y refuerza las conexiones entre sus neuronas, con consecuencias positivas o negativas.

Otra cualidad del cerebro es que tiene «periodos críticos». Esto es, se requieren unas experiencias determinadas para que cada área cerebral se desarrolle de forma adecuada. Si no se ha producido un aprendizaje concreto cuando el cerebro está dispuesto para ello, no se aprenderá jamás. Es como si se cerrara la ventana.

Por ejemplo, la ventana del lenguaje «se cierra» a los siete años aproximadamente. Aprender un idioma a partir de los diez u once años es más difícil porque ya se «ha cerrado la ventana» o ha pasado el periodo crítico del aprendizaje de la lengua materna.

Aprender a andar tiene otro periodo crítico. Si no aprendes en los primeros años, luego será muy complicado.

Sin embargo, algunos periodos críticos están abiertos hasta la adolescencia, lo cual tiene gran relevancia de cara a la educación.

¡Fenomenal! Ya conocemos las principales cualidades del cerebro. Ahora pasemos a descubrir las diferentes partes que conforman el cerebro humano.

Partes que conforman el cerebro: la teoría de los tres cerebros

El neurocientífico estadounidense Paul MacLean (1913-2007) desarrolló la teoría de los tres cerebros. Según esta, el cerebro está dividido en tres partes: el cerebro reptiliano, el cerebro emocional y el cerebro racional.

El cerebro reptiliano: el cerebro que actúa

El cerebro reptiliano es el primero que se desarrolla en los recién nacidos. Se corresponde con la capa más primitiva y profunda. Los humanos lo hemos heredado de los antiguos reptiles, de ahí su nombre.

Su principal función es satisfacer las necesidades elementales del individuo (temperatura, alimentación, sueño, protección, etcétera) y velar por la supervivencia. Tiene la capacidad de reaccionar en forma de lucha o huida cuando la vida corre peligro. Actúa de manera automática, inconsciente e instintiva. Reacciona sin pensar. No tiene voluntad y muestra bastante dificultad para frenarse. No está influido por la educación, lo heredamos genéticamente.

Esta es la zona que lleva a tu hija o hijo a...

- Tirarte un juguete a la cara si no le dejas encender la televisión.
- Morder a un compañero o pegar a su hermano cuando no le deja la pelota.
- Tirarse al suelo cuando le dices «vamos a casa».

A pesar de que son reacciones naturales, alguien tiene que hacer ver al menor que esos comportamientos no son correctos. Sus adultos de referencia —que deben ser también sus protectores— lo tienen que ayudar a autocontrolarse. Y esos adultos son mamá, papá y, más adelante, el profesorado.

El cerebro límbico o emocional: el cerebro que siente

La siguiente parte del cerebro que va a madurar es el cerebro límbico. Es el lugar donde «nacen» las emociones. Está relacionado de manera estrecha con el cerebro reptiliano, pues sigue teniendo como principal objetivo la supervivencia del individuo.

El cerebro límbico está muy influenciado por la educación que recibimos en casa (¡un dato muy importante que tener en cuenta!). Recuerda que comentamos en el apartado anterior la estrecha relación entre el estilo de crianza y el desarrollo de nuestro cerebro.

Sus funciones básicas son:

- La regulación de emociones agradables (alegría, gratitud, felicidad) y desagradables (ira, tristeza, miedo).
- El aprendizaje básico por ensayo y error.
- La memoria inconsciente.
- La sociabilidad.
- El apego con los cuidadores principales (generalmente, mamá o papá).

¡IMPORTANTE!

Una de las características que debemos tener muy presente es que, cuando una niña o un niño recibe un estímulo externo o interno, responde de manera inmediata y sin filtro. Por eso es tan importante que aprendamos a regular las emociones EN CASA con disciplina, normas y límites.

Digo «en casa», porque el cerebro emocional tiene una disposición innata a desarrollarse con quienes lo cuidan. Si una madre o un padre no ofrecen los cuidados correctos durante los primeros meses de vida, es bastante probable que el cerebro límbico se desarrolle de forma poco adecuada y, por ejemplo, tenga dificultades en la adquisición y elaboración del lenguaje, la memoria, la atención y la socialización.

Son la madre y el padre quienes tendrán que enseñar a sus criaturas a reflexionar, detenerse y ser conscientes de qué les está pasando, cómo controlarse y calmarse ante una norma, un límite o un «no», ya sea nuestro, de sus amigos o del profesorado.

El cerebro superior: el cerebro que piensa

La última parte del cerebro en madurar es el neocórtex o corteza prefrontal. Esta zona se ubica en la parte superior, detrás de la frente y está fuertemente conectada con el resto.

A diferencia del reptiliano y el límbico, el superior es consciente y voluntario. Aunque quiero matizar que, afortunadamente, no somos conscientes de todos nuestros pensamientos. Según estudios científicos, se estima que tenemos unos sesenta mil pensamientos diarios, la mayoría negativos, repetitivos y del pasado. ¿No sería una locura ser conscientes de cada uno de ellos?

El neocórtex es el director de orquesta, el sistema de control de todo el cerebro. Su función principal es coordinar, organizar y equilibrar la información que recibe de las otras dos partes del cerebro.

Gestiona las funciones ejecutivas. Esto es, la mayoría de las actividades mentales que todos queremos que aprenda nuestra hija o nuestro hijo. Algunas de sus funciones son:

- Razonar.
- Tener conciencia.
- Reflexionar.
- Analizar y almacenar información.
- Planificar hechos futuros y perseverar.
- Respetar normas y límites.
- Tomar decisiones acertadas.
- Valorar las consecuencias de los propios actos.
- Mostrar autorregulación emocional.

Fíjate cuántas cosas imprescindibles gestiona el cerebro superior. Pero como ya comentamos antes, **no alcanza su madurez hasta los veinticinco años** aproximadamente; por tanto, en la infancia y adolescencia, chicas y chicos necesitan que alguien (la madre, el padre, el profesorado, la gente que los rodea) los ayuden con estas funciones ejecutivas o actividades mentales complejas.

El neocórtex es la sede de la racionalidad en nuestro sistema nervioso. Permite la aparición del pensamiento lógico, que existe independientemente de las emociones (límbico) y de las conductas programadas por nuestra genética (reptiliano).

Entonces, ¿qué podemos hacer si el cerebro se está «reseteando» hasta pasados los veinticinco años y no sabe cómo autocontrolarse? ¿Hacemos la vista gorda? No. Existe suficiente literatura científica que demuestra que educar con disciplina (es decir, con límites claros, coherencia, firmeza y amor) ayuda a madurar el cerebro «en obras» de nuestros menores.

Hasta que un menor no tiene suficiente madurez cerebral y suficientes estrategias para regular de forma autónoma sus emociones, necesita que los adultos (madre, padre, profesorado...) lo acompañen y ayuden en este proceso. En otras palabras, necesita que alguien le «preste temporalmente» su cerebro superior, que le enseñe a mantenerse a salvo y le fije límites adecuados y objetivos alcanzables.

Está sobradamente demostrado que aquellas familias que educan con mano dura (gritos, castigos o golpes) o con total libertad, de forma permisiva, suelen tener hijas e hijos más inmaduros, con peor trayectoria escolar, y ya más adelante, con peores trabajos, peleones, con conflictos legales, y en el caso de las chicas, con embarazos no deseados.

A los educados con disciplina, límites claros, coherencia, firmeza y amor les ocurre justo lo contrario.

Nuestra forma de educar es la base del desarrollo del cerebro desde la niñez hasta el final de la adolescencia. **Somos responsables de gran parte de lo que les sucede a nuestros hijos, lo cual no quiere decir que seamos culpables.** Lo hacemos lo mejor que sabemos y podemos. Una de nuestras mayores responsabilidades es el desarrollo de la faceta emocional de nuestras hijas e hijos, que desde bien pequeños se empieza a hacer visible por su inmadurez cerebral. No saben identificar ni gestionar sus emociones: necesitan que alguien se haga cargo mientras aprenden a regularse.

Una de las primeras batallas que tendremos que lidiar son las famosas rabietas.

LAS TERRIBLES RABIETAS

Un día me encontraba en el supermercado haciendo cola para pagar. Delante de mí, había una pareja con una niña de unos tres años que no paraba de llorar, gritar y revolverse entre los brazos de la madre y del padre, que se la iban pasando. Sudaban a goterones. Ambos hacían todo lo posible por calmarla, diciéndole cosas agradables. En un segundo, empezó a gritar más pidiendo su muñeca. Su padre le dijo que estaba en casa y que llegarían pronto para cogerla. La niña subió el volumen y vociferó que la quería ya. Se tiró al suelo desgañitada pidiendo su muñeca.

Ni la madre ni el padre perdieron la compostura en ningún momento. No obstante, se notaba su estrés. Imaginé cómo tendrían su corazón. Yo lo tenía acelerado. Se apartaron para que siguiera la cola.

El padre preguntó a la madre si cogía a la niña del suelo y la madre le dijo que no. Entonces, se agachó, le tocó su cabecita y le dijo algo bajito. La niña gritó más fuerte. Sonreí pensando cuando mi hija o mi hijo eran pequeños y hacían lo mismo. Yo no sabía tanto y me moría de la vergüenza, y supongo que no lo haría tan bien como ellos.

¡Si yo hubiera sabido entonces lo que sé ahora! Creo que mis nietos van a ser muy afortunados (ja, ja, ja, ja, ja, ja).

Al rato, cogieron a la niña en brazos más calmada, cargaron las bolsas, pagaron y se fueron.

¡Qué difícil es gestionar una rabieta en un lugar público con todo el mundo mirando!

¿Qué tenemos que hacer?, ¿ignorar la conducta?, ¿prestar atención? La respuesta no es sencilla.

Una rabieta es una manifestación explosiva de un malestar ante una incomodidad, un deseo que no se puede satisfacer o una necesidad básica no cubierta. Pero también puede ser el síntoma de algún problema importante más profundo (celos por el nacimiento de un hermanito, por ejemplo). Se da aproximadamente entre los dos y cinco años (en algunos niños desde un poco antes o hasta un poco después).

Una rabieta es como un cortocircuito, a partir del cual el menor no entra en razones, no escucha y se desconecta del entorno. El desasosiego que siente es tan fuerte que estalla, lo que le causa un gran sufrimiento. Y no, no lo hace para fastidiarnos, lo hace porque no conoce otra forma de expresar su malestar y aún no ha aprendido a autocontrolarse.

Los motivos del «cortocircuito» pueden ser diversos: miedo, enfado, frustración, ira, cansancio, hambre, celos, un deseo no satisfecho, etcétera. Y las reacciones ante ese malestar, igualmente, pueden variar: gritar, insultar, patalear, tirarse al suelo, tirar cosas y, en ocasiones, incluso, dañarse a sí mismos.

¿Por qué ocurre esto? Sencillamente, porque a estas edades

el cerebro está en pleno desarrollo y las zonas encargadas de controlar las conductas más complejas, como la autorregulación emocional, la inhibición de conductas, la atención y demás funciones ejecutivas, están aún inmaduras.

Al tiempo, empiezan a formar un concepto de sí mismos, buscan su independencia y autonomía, y ponen a prueba las normas del entorno, intentando tomar sus propias decisiones o haciendo valer sus preferencias.

Comprender esto es de gran relevancia, no solo para sobrellevar las pataletas, sino para sentir menos incomodidad. Tener expectativas realistas sobre nuestros menores (tener claro que es inevitable por su inmadurez) nos ayudará a autocontrolarnos y a lanzar mensajes verbales y no verbales de comprensión. Es decir, será de gran ayuda para que no digamos, por ejemplo, «si sigues gritando, mañana no vamos al parque» o para que no lancemos una mirada desafiante y de desaprobación. Algo que, por supuesto, no quiere decir que no seamos firmes (aderezado con cariño y paciencia) con el límite que habíamos marcado.

Recuerdo una rabieta de mi hijo cuando era pequeño. Un día pidió una pera y se la corté en daditos en un plato, como solía hacer. Por lo visto, mi marido se la había cortado el día anterior en forma de bastoncitos. Me dijo que no la quería si no se la cortaba como papá. Se puso a llorar desconsoladamente y tiró el plato al suelo pidiendo sus palitos de pera, porque a cuadritos estaba muy mala. No hubo manera de convencerlo.

Creo recordar que mantuve la calma, pero desde luego se quedó sin pera. Al día siguiente le volví a cortar la pera a cuadraditos. Me quedé helada cuando se la comió sin rechistar. Le pregunté si le gustaba y me dijo que sí. Ahí quedó la cosa.

Algo que debemos tener muy claro es que, en estas situaciones, ni nos están retando ni están teniendo un mal comportamiento. Al revés, es señal de que su desarrollo va por buen camino. **Hasta los cinco o incluso seis años, las rabietas no son intencionales. Se producen por la inmadurez cerebral: las zonas primitivas del cerebro toman el control, manejan la situación y «secuestran» al cerebro superior o racional.** Es un proceso que forma parte del crecimiento normal. Lo que no quiere decir que nos crucemos de brazos, ya que, aunque seamos muy comprensivos, tenemos que actuar. No es lo mismo comprender que justificar.

Ahora bien: no todas las rabietas son iguales. Si la rabieta es intencional, hay que pararla en seco. Estas son premeditadas y se originan en la parte racional del cerebro. Son aquellas en las que el menor (generalmente adolescente) «monta el pollo» para conseguir lo que quiere. Un claro ejemplo lo tenemos en la hija de Luisa y Ángel, que tras el berrinche consiguió su objetivo: permiso para ir a la fiesta. Minutos después, se tranquilizó, por arte de magia, se fue a su dormitorio, se maquilló y se puso de punta en blanco.

Con una rabieta intencional, si cedemos, sentaremos un precedente e incrementaremos la probabilidad de que nuestra hija o hijo instrumentalice esa conducta.

¿Qué hacer ante una rabieta?

Podemos hacer poco para evitar las rabietas, excepto intentar que no se produzcan, por supuesto, sin acceder a los deseos del menor. No obstante, podemos hacer mucho para enseñarles a gestionarlas, poco a poco, progresivamente. También podemos hacer mucho para aprender a controlar las ganas de cogerle por los hombros, darle un buen zarandeo y gritarle: «¡Cállate ya!».

Lo primero que debes hacer es quedarte cerca y observar con la mayor serenidad posible. A veces empiezan a tranquilizarse de forma natural. Otras, no lo consiguen. En este caso, muestra con tu cara y tu cuerpo que comprendes lo mal que lo está pasando. Sigue a su lado, siéntate o arrodíllate, y busca su mirada. Dile cosas agradables en tono amable. Si te lo permite, toca de forma delicada alguna parte de su cuerpo (brazo, espalda, pelo). Sigue hasta que suavice su actitud.

Si no se calma, quédate a su lado en silencio (recuerda que debes mostrar calma y tranquilidad). Míralo para que sienta comprensión. Mientras, di frases cortas y amables: «¡Qué pelo tan bonito tienes!» o «¡Cómo te quiero!».

Si la rabieta es una reacción a algo que no le ha gustado o que no esperaba, una buena técnica es reconocer que hay un problema y ponerle palabras con compasión, tono neutro y sin perder la calma: «Comprendo que estés muy enfadado [*emoción*] porque creías que había macarrones, pero eso no te da ningún derecho a tirar el plato de comida al suelo [*conducta*]»; «Entiendo que quieras que te compre chuches, pero ya sabes que solo se compran los domingos»; «Que estés enfadada no te da derecho a tirar al suelo las cosas. ¿Recoges lo que hay en el suelo y dejas la bolsa en su sitio o te ayudo yo?».

En estas respuestas estamos razonando, motivamos al pequeño o pequeña a tomar decisiones y mostramos interés por su estado de ánimo. El enfado, la rabia y la frustración son legítimos siempre, pero empujar, insultar, faltar al respeto y vulnerar los derechos de los demás no es legítimo ni admisible. **No es lo mismo comprender que justificar.**

Con toda la tranquilidad de la que seamos capaces, intentaremos entender y hacer ver que el enfado, la rabia y la frustración son legítimas, pero no las reacciones con violencia.

En resumen:

- Quédate cerca y observa.
- Baja hasta su nivel de visión, literalmente, a nivel físico (agáchate, siéntate a su lado, arrodíllate...).
- Míralo a los ojos para que no sienta que somos un gigante amenazador.
- Sé amable.
- Mantente firme se ponga como se ponga. Va a ser difícil, ya te lo digo, pero tienes que armarte de valor. Cuando se produce una rabieta por algo (quiere seguir jugando en el parque, cruzar la calle sin darnos la mano, colarse en el tobogán, subirse a la ventana, llegar más tarde, conseguir más tiempo de pantallas...) y hemos dicho que no, tenemos que mantener inamovible el límite que hemos marcado.

- Pronuncia un *no* tranquilo, sin gritos, sin agresividad, sin enfadarte y en tono compasivo.
- No des sermones ni grandes explicaciones. Solo mensajes breves y sencillos.
- Cuando acabe la rabieta (nunca durante esta, porque no se va a enterar de nada), razona sobre lo ocurrido, adaptando tu discurso a su edad y capacidades.

Como hemos dicho arriba, las rabietas son perfectamente normales en menores de cinco o seis años. Sin embargo, es alarmante que cada vez me encuentre a más adolescentes (y varones adultos) con rabietas muy parecidas a las típicas de los pequeños.

Y te preguntarás cómo es posible. Sencillamente, porque en su infancia nadie les puso límites, nadie les dijo *no*, lo que aumenta las posibilidades de **convertirse en un adulto caprichoso, consentido, violento, inadaptado y sin la suficiente autonomía para gestionar las emociones.**

Cada vez me encuentro a más madres y padres que sobreprotegen a sus criaturas. Lo hacen con todo el cariño del mundo, pero están evitando que transiten por una serie de emociones (miedo, frustración y ansiedad) importantísimas. Debemos ser conscientes de que niñas y niños tienen que aprender a vivir con esas emociones y el primer lugar donde aprenderán a hacerlo será en casa. Tienen que entrenar. Si los sobreprotegemos, impediremos ese aprendizaje y cuando sean adultos no sabrán autorregularse.

Si algo no sale como quisieran, si no consiguen lo que desean o en casa hay una norma o un límite que no pueden traspasar y se enfadan mucho porque están frustrados, no podemos ceder bajo ningún concepto.

EDUCAR CON NORMAS Y LÍMITES

El capítulo de normas y límites es uno de los más controvertidos a la hora de hablar de educación. Me he encontrado a madres y padres que piensan que la disciplina, la autoridad, las normas y los límites son necesarios para una correcta formación de nuestros menores. Pero también con quienes piensan que son estrategias de coacción y manipulación que limitan la creatividad y la libertad.

Sin embargo, ¡nada más lejos de la realidad!

Quiero que te quede este punto bien claro: ni los límites (líneas rojas), ni las normas (reglas de convivencia) dificultan el desarrollo de la creatividad en niñas y niños, muy al contrario, ¡la despiertan! Y lo más positivo de todo: **¡les damos seguridad para convivir en sociedad!**

No obstante, es uno de los puntos de fricción más importantes en las parejas. Me encuentro diariamente a madres y padres que deseaban con todas sus fuerzas tener un bebé, pero no eran conscientes de los problemas que les iba a ocasionar y de la libertad que les iba a «quitar». **Educar es renunciar, razonar y saber decir que no.** Trabajo con familias que no niegan nada a sus menores, que les dejan hacer lo que quieren, que ceden ante sus deseos, que les consienten todo y lo justifican porque «si no, la lía». Parejas en las que una parte pone límites y la otra lo permite todo, algo que lleva a numerosos conflictos y, en muchos casos, al divorcio. Parejas separadas que no son capaces de pactar normas y límites similares para ambas casas.

Los seres humanos somos mamíferos que vivimos en sociedad. Esta organización tiene unos códigos de convivencia que debemos aprender e interiorizar, en primer lugar, dentro de la familia. Porque si no lo hacemos en la seguridad del hogar, la vida nos los mostrará, pero sin piedad.

A este proceso, que comienza sobre los tres años, se lo llama *socialización* e implica ser un miembro adaptado a la sociedad a la que perteneces. Un miembro que sabe qué está bien o mal, y qué puede o no hacer. **Nuestros menores necesitan saber hasta dónde pueden llegar y cuál es su perímetro de seguridad.** Límites y normas son necesarios para protegerlos de situaciones que podrían poner en riesgo su seguridad (tomar lejía, cruzar en rojo, ver pornografía, llegar a las cinco de la madrugada o no limpiar la cocina el día que les toca); para evitar que se establezcan conexiones entre sus neuronas que no van a favorecer su desarrollo intelectual, emocional y social; para enseñarles cómo funcionan las personas; para enseñarles a protegerse, etcétera.

La madre y el padre (a ser posible en sintonía) deben marcar el camino progresivamente: «No se tira de la cortina», «No se pinta en la pared», «Se dan las gracias», «No se comen galletas antes de la cena», «Es hora de irse a la ducha», «Hasta los dieciséis años no puedes tener redes sociales», «Si no has acabado los deberes, no bajas al patio», hasta que se les despierte de forma autónoma la voz interior, la moralidad y el autocontrol.

Con el tiempo, a medida que vayamos ayudándolos a identificar los momentos en los que necesitan pisar el freno, detectarán qué es (o no) correcto. Esto es importantísimo, porque se establecerán conexiones nuevas entre sus neuronas, lo que cambiará su forma de interaccionar con el mundo.

Es necesario marcar las normas y los límites que estimemos oportunos la primera vez que observemos una conducta que no consideramos adecuada. **Así evitaremos que se produzca una primera conexión negativa en el cerebro y, por tanto, será más fácil en el futuro que no lleven a cabo esa conducta.** Si es posible, debemos frenar la conducta antes de que ocurra. Así evitaremos tener que corregirla después, cuando el menor haya adquirido el hábito.

No obstante, tenemos que saber que volverá a intentarlo persistentemente. Lo que no quiere decir que perdamos la tranquilidad y el cariño ni que miremos para otro lado. De nada servirá que mamá respete la norma de no darle dulces si papá permite que se coma un dónut antes de comer si monta el pollo. Es imprescindible que la pareja vaya en la misma línea.

Muchas veces es más cómodo y fácil decir «sí», pero lo más seguro y saludable es decir «no» o un «sí» con condiciones. Por ejemplo: «No, es muy tarde, te leeré otro cuento mañana», «Sí, jugarás en el tobogán cuando volvamos al parque» o «Sí, te daré el dónut el domingo, que es el día que comemos dulces».

El egocentrismo es una etapa del desarrollo que se produce entre los dos y los siete años. El menor piensa que el mundo existe y se mueve en torno a él. No lo hace para provocar, lo hace porque su cerebro no está maduro para tomar conciencia de otras perspectivas. Es perfectamente normal que un pequeño de los cuatro a los ocho años quiera llamar la atención, ser el centro de todo y ponga a prueba los límites. El problema aparece cuando esta actitud se convierte en permanente.

Sin embargo, un creciente número de menores (más chicos que chicas)* extienden esta etapa más allá de la adolescencia, o incluso hasta la adultez. Viven toda la vida mirándose el ombligo. Se sienten superiores. Tratan mal o de forma egoísta y descuidada a su madre, su padre, su pareja, al profesorado y a las demás personas de su entorno. ¿Qué tienen en común la mayoría? Pues que en su infancia y adolescencia han tenido escasa supervisión y presencia parental, un consentimiento desmedido y una excesiva permisividad.

Hay madres y padres que no son conscientes de que **un bebé solo desarrollará una personalidad sana con relaciones sociales satisfactorias si a partir del primer año de vida hay un equilibrio entre las demandas del menor y su capacidad para reconocer las demandas que le hacen los demás.** El proceso de socialización de un menor implica aprender a relacionarse con los demás, respetar las normas del entorno y desarrollar su personalidad.

* Lo analizaré con más profundidad en mi próximo libro, cuya publicación está prevista para 2026.

Nada desconcierta más a un cerebro en desarrollo que la ausencia de normas.

Intentarán hacerte chantaje emocional, seguramente se quejarán de su «mala suerte» por tener una madre o un padre que «les amarga la vida», te dirán que los de su clase tienen madres o padres más «comprensivos y generosos». Sin embargo, educar con coherencia, criterio, consistencia y perseverancia tendrá grandes frutos.

Cómo fijar normas y límites

Esta es una de las preguntas que más me hacen: «¿Cómo pongo límites a mi hijo?».

Las normas y los límites se asientan en la zona prefrontal. La zona del cerebro que también gestiona lo racional, el conocimiento, la toma de decisiones, la moralidad y el control de las emociones.

Por eso es importante que tengamos en cuenta ciertos parámetros con los que se ha demostrado científicamente que la zona prefrontal funciona mejor. Para ello, normas y límites deben ser:

- **Objetivos.** Serán siempre iguales. Es decir, no dependerán:
  - De nuestro estado de ánimo (si estamos tristes o alegres...).
  - De lo cansados que estemos.

- Del lugar donde nos encontremos.
- De si somos mamá o papá.

- **Claros y concisos.** Los menores deben saber de forma sencilla y comprensible:
  - Qué pueden hacer y qué no.
  - Qué es seguro y qué es peligroso.
  - Qué es conveniente y qué no.

  El otro día, en una tienda, una niña pequeña iba tirando al suelo los vestidos de las perchas. La madre la miró y le dijo: «¡María, me voy a enfadar!». La niña siguió tirando vestidos. La madre la volvió a mirar y le dijo: «María, ¡te estoy diciendo que me voy a enfadar!».

  «Me voy a enfadar» no significa nada para la niña. No le enseña nada. No corrige su actitud. La niña no entiende... Tenemos que ir al grano y hablar claro: «María, deja de tirar los vestidos al suelo».

  Otra frase que decimos mucho es: «Pórtate bien». ¿Qué significa *pórtate bien*? ¿Significa «en el sofá no se ponen los zapatos»? Pues si es lo que quieres decir, dilo con esas palabras. No te vayas por las ramas. Cuanto más claras sean las normas y los límites, más probabilidad hay de que se obedezcan.

- **Progresivos.** Interiorizar normas y límites es un proceso largo y complicado. Los menores necesitan tiempo para practicar. Por ello, cuanto antes empiecen y más gradual sea, mejor. Las asociaciones de pediatría más importantes del mundo sitúan la franja en la que tenemos que implicarnos más de los tres a los catorce años.

- **Limitados.** No podemos hacer listas interminables de normas y límites. Es necesario seleccionar los que son más importantes.
- **Razonados.** Siempre que sea posible, razonaremos en concordancia con nuestra jerarquía de valores y la madurez del menor. No olvides que educar es razonar. Cuando entiende el motivo, el porqué y el para qué, suele sentirse más animado a respetarlos. Las normas y los límites carecen de sentido si no hay una base racional que los sostenga y nuestros menores la tienen que conocer, por muy pequeños que sean.
- **Claramente innegociables o negociables.** El menor debe distinguir claramente qué normas y límites son inmutables y cuáles son más flexibles. Habrá normas y límites **innegociables.** En esos casos seremos inflexibles con su cumplimiento. Tendrán que ser respetados sí o sí. Razonaremos (si es posible), pero no negociaremos. Básicamente, serán innegociables los comportamientos relacionados con la salud, la seguridad y el respeto a ellos mismos y a los demás.

Con el resto de los límites, siempre que podamos, debemos negociar, teniendo en cuenta nuestros criterios personales y su seguridad. Es positivo negociar todas las normas que NO tienen que ver con salud, seguridad y respeto.

- **Firmes.** Siempre mostraremos firmeza para su cumplimiento. Y no cederemos ante las negativas. Si decimos «no», es «no». La eficacia de las normas está relacionada con nuestra firmeza para que se respeten. Tenemos que decir «no» de forma firme, y por supuesto, también cariñosa y amorosa.

En todo este proceso, tenemos que saber decir «no» con convencimiento y seguridad. Lo primero es tener claro el objetivo, sin miedo a los posibles conflictos. Mira a los ojos con seriedad, sin enfados, explícalo de forma clara, concisa, serena y asertiva. Si puedes, negocia y llega a un acuerdo. Si está relacionado con salud, respeto o seguridad, no negocies. Sé firme en el cumplimiento. Si no se cumple, pon en marcha la penalización, que debe estar muy clara, y ser argumentada y razonada desde el principio.

Los estudios demuestran que los menores, por regla general, no obedecen en una de cada tres ocasiones. Algo perfectamente normal y señal de que su desarrollo intelectual va por buen camino, en su búsqueda de independencia y autonomía.

TRUCOS PARA PONER NORMAS Y FACILITAR QUE LAS RESPETEN

Truco 1. Valorar opciones limitadas

Vamos a ver el típico ejemplo de cuando tenéis que iros del parque. Cada día, hasta que tu hija o hijo haya interiorizado la norma, le avisas de a qué hora os vais. Cuando llega el momento, le dices:

—Cariño, recuerda que nos tenemos que ir ya.

—Pero yo me quiero quedar más rato...

—Lo sé, cariño, yo también estoy muy a gusto con mis amigas, pero nos tenemos que ir —le hablas con amabilidad y firmeza.

—No, mamá, yo me quiero quedar.

Entonces, le dices:

—¿Nos vamos ahora mismo del parque, o prefieres tirarte **una vez más** del tobogán?

Lo más seguro es que te responda: «¡Prefiero tirarme del tobogán una vez más!». Ahora tu hijo sabe que después del tobogán toca irse. Y lo más importante es que «lo ha decidido él», por lo que es más probable que colabore.

Cuando dejamos «decidir» a nuestras hijas e hijos, les enviamos el mensaje de que son importantes y su opinión cuenta. No se trata de que elijan lo que les dé la gana. Se trata de que escojan entre un abanico limitado que tú has propuesto.

Además, **estarás favoreciendo la función ejecutiva del cerebro**, potenciando la parte del cerebro superior encargada de valorar diferentes opciones y sopesar los pros y los contras.

Pero ¿qué ocurre cuando no podemos ofrecer opciones? Imagina esta situación. Estáis volviendo del cole a la hora de comer, y te dice: «¡Quiero que me compres una palmera de chocolate!»; o tu hijo adolescente, que tiene como hora de llegada las diez de la noche, se empeña en volver un día a las dos de la madrugada; o te pide bajarse una aplicación del móvil inadecuada para su edad.

En estas situaciones, razonaremos dando argumentos y desarrollando el espíritu crítico. Hablaremos tranquilamente (en la medida de lo posible) y no cederemos. Dejaremos claro que no puede ser.

Si nos mantenemos en el no, su cerebro detectará que no es efectivo ese comportamiento, y progresivamente dejará de usar esa estrategia.

Por último, algo muy importante: cuando proponemos diferentes opciones, todas las opciones tienen que ser elegibles (**no vale engañarlos** y luego decirles que su elección no es posible).

Truco 2. Decir «el último» cuando se acaba lo que les gusta

Cuando queramos interrumpir una actividad que disfruta mucho (por ejemplo, leerle un cuento) no le digas: «Se acabó». Si lo haces así, es muy probable que se enfade y pierda el control. En su lugar, utiliza la estrategia del «último»: «Te cuento el último cuento y mañana más, ¿vale?».

Algunas veces pedirá otro cuento y se enfadará. Entonces será el momento de dar argumentos antes de que pierda el control, entre en bucle y llegue la rabieta. Si llega la rabieta, no pasa nada, estaremos ayudando a su cerebro a saber que no sirve su maniobra. Estaremos enseñando al menor a razonar y ser resiliente, lo cual es muy efectivo a largo plazo.

No será fácil, no te dará las gracias, seguramente se enfadará mucho, pero has hecho lo que tenías que hacer.

Truco 3. Cinco minutos antes con contacto

Una buena idea es avisar antes para que la niña o el niño se vaya preparando, lo que lo ayuda a anticipar. Para ello, es necesario acercarse físicamente y mirar a los ojos. Le tocas de forma afectuosa y cálida, y le dices: «Mi vida, en cinco minutos nos vamos del parque».

La conexión física refuerza las conexiones entre el cerebro superior y el inferior, anulando los impulsos primitivos y favoreciendo la autorregulación emocional. El contacto físico ayuda a acercar a las personas, a estrechar el vínculo entre ellas y a respetar la norma.

Truco 4. Implicar

Si es posible, implicar al menor en la discusión funciona. Si dices: «Últimamente estás usando mucho el teléfono, a partir de mañana solo los fines de semana», se enfadará mucho. Pero si planteas: «Últimamente estás usando mucho el teléfono, tenemos que organizarlo de otra forma, ¿qué se te ocurre?», con esta fórmula haces saber a tu hija o hijo que, aunque tú tienes la última palabra, tienes predisposición a escuchar y negociar.

Truco 5. No es un sí con condiciones

La forma en la que nos hablan marca frecuentemente nuestra reacción. Un «no» brusco suele producir rechazo. Si empatizamos, seguramente, la reacción será más positiva. Por ejemplo, si dices: «Por supuesto, te voy a contar otro cuento, te lo cuento mañana porque es muy tarde» o «Claro que podrás usar de nuevo el videojuego, pero será el fin de semana que viene», será mejor recibido que si dices un *no* tajante sin más.

¿Y si la reacción es iracunda?, ¿qué podemos hacer? Si a pesar de haber utilizado alguna de las estrategias anteriores la reacción es incontrolada o colérica, no podemos hacer mucho más. Solo mantenernos firmes. «Mi vida, aquí estoy, cuando quieras, hablamos».

Si no puedes resolver el conflicto a base de diálogo, tu hija o hijo traspasa los límites y no respeta las normas que con tanto esmero has razonado, piensa que entra dentro de lo esperable. No te lo tomes como algo personal. No es que no te quiera (aunque te lo diga). Es justamente lo contrario. Contigo siente seguridad, por eso «juega» a ver hasta dónde puede llegar o a mostrarte su malestar. Lo que no significa que te quedes con los brazos cruzados. Estos hechos exigen consecuencias. ¿Castigamos?

EDUCAR A BASE DE CASTIGOS

Un castigo (físico, verbal o psicológico) es una pena que se impone a quien ha cometido un delito o una falta. Es también un método de aprendizaje que se ha utilizado toda la vida para educar a hijas e hijos. Sin embargo, numerosos trabajos empíricos revisados muestran que, aunque el castigo o el aislamiento interrumpen con frecuencia una mala conducta a corto plazo (por miedo), no la modifican a largo plazo, que es algo que también deseamos. Además, fomentan la mentira para que nadie se entere del «mal» comportamiento.

Los daños colaterales de los castigos son tremendos. En primer lugar, enseñamos que castigar es una forma válida de relación. En segundo lugar, facilitan la aparición de la culpa en el menor. En tercer lugar, la reacción del castigado (por ejemplo, que se ponga a llorar) puede conducir a que se levante el castigo. Este mecanismo es el origen de la culpa de algunos adultos a lo largo de toda la vida. En cuarto lugar, no sirve para que el menor modifique su comportamiento, porque no le enseña habilidades nuevas. En quinto lugar, el castigo puede reforzar el comportamiento que queremos erradicar. En general, los menores que se «portan mal» lo hacen para reclamar más atención de sus padres. Prefieren estar castigados a sentirse invisibles. Por último, el castigo causa dolor, y el cerebro interpreta el dolor como una amenaza. Si una madre o un padre causa dolor, el cerebro del menor se desorienta, entre otras razones porque se libera cortisol, una hormona muy dañina para el desarrollo saludable del cerebro.

¿De verdad piensas que sirve de algo decir: «No has hecho los deberes, así que mañana no vas a atletismo»; «Has pegado a tu hermana, así que el domingo no te compro chuches»; «Como has llegado tarde, el domingo no vas al cumpleaños»?

¿De verdad crees que un cachete, zarandear, enviar toda la tarde a su dormitorio o dejarle sin su actividad extraescolar preferida van a conseguir que se calme y reflexione sobre lo que ha hecho?

A largo plazo es más beneficioso decir: «Como no has hecho los deberes, mañana te levantas una hora antes», «Como has pegado a tu hermana, estarás un rato sentado a mi lado y lejos de ella y de los juguetes», «Como has llegado cuarenta y cinco minutos tarde, el sábado que viene llegarás una hora y media antes de tu horario habitual». Así el menor aprenderá que su conducta no merece la pena.

Castigar no es didáctico ni pedagógico. Un castigo suele ser puesto de forma improvisada y sin previo aviso cuando estamos muy enfadados, lo que con facilidad lo convertirá en desproporcionado. Entonces nos sentimos culpables, nos ablandamos y retiramos el castigo, perdiendo la credibilidad.

Por tanto, ¿qué hacer si nuestros menores traspasan los límites o no respetan las normas?

Hay alternativas al castigo. Hay otras formas de poner límites coherentes con conexión y cariño. Hay otros mecanismos para hacer entender cómo funciona el mundo, lo que es aceptable y lo que no lo es.

Imagina que tu hija te pide que juegues con ella. Le explicas que tienes que terminar de hacer las lentejas del día siguiente y que debe esperar un ratito. Entonces, te da un manotazo. En ese momento, puedes volverte y responderle con rabia: «¿Por qué me has pegado? Me has hecho daño —algo totalmente lógico—, ya no voy a jugar contigo, ¡te quedas sin hacer la construcción!» o «Vete a tu cuarto castigada». Seguramente, se pondrá a llorar más enfadada todavía. Pero ¿qué habrá aprendido?

Hay respuestas mejores capaces de alcanzar el mismo objetivo a largo plazo. En primer lugar, debes tener claro que no te ha pegado para hacerte daño. Simplemente no sabe expresar su frustración de otra forma. Todavía no cuenta con la capacidad suficiente para regular sus emociones y controlar sus impulsos. Además, con su madre y con su padre siente la suficiente seguridad como para saber que no perderá su amor.

Ármate de valor, serénate y dile: «Quieres que juegue contigo y te enfadas porque estoy haciendo la comida de mañana, ¿verdad?». Seguramente te responderá que sí. Mientras se va serenando, sigues dando la vuelta al sofrito de las legumbres. Cuando lo termines, echas las lentejas y empiezas a cortar las verduras de la cena. De ninguna manera te sientes con ella a jugar. Sigue hablándole, explícale que pegar no está bien, y que la próxima vez te pida por favor que te des prisa para poder jugar. Puede que surta efecto o no. Lo que te aseguro es que esta perspectiva es más útil.

Nunca, nunca, nunca le devuelvas el manotazo. El cerebro interpreta el dolor como amenaza, y más si proviene de quienes te debieran cuidar: mamá y papá. Como hemos comentado, cuando las figuras protectoras son el origen del dolor o del miedo se segrega cortisol y el cerebro se descontrola, lo que supone numerosas consecuencias negativas. Por otro lado, devolver el golpe al menor le enseña que pegar es una forma válida de resolver conflictos.

Si agredimos a un menor, su cerebro primitivo se pondrá en «modo lucha». El cerebro posee diferentes áreas que son responsables de distintas tareas. Unas son responsables de la memoria, otras del lenguaje, otras de la empatía, otras del peligro, otras del miedo, etcétera. Si devuelves el manotazo a tu hija, estás recurriendo a su cerebro primitivo, reactivo, de defensa y ataque.

Si le muestras respeto, le hablas pausadamente, explicas y razonas, estás apelando al cerebro superior. Entonces, el cerebro reptiliano, al no percibir amenaza, se relajará y tu hija o hijo será más receptivo. «Entiendo que quieras quedarte en la fiesta hasta las tres de la mañana, pero no puede ser. Estoy aquí fuera esperando, ¿sales tú o quieres que te ayude yo a salir? Te quiero mucho hijo».

«Sé que te gustaría ver una película ahora, pero es muy tarde y nos tenemos que acostar. Mañana veremos una, un poco más pronto. ¿Te vienes conmigo al baño a lavarte los dientes o te ayudo yo dándote la mano?».

La idea es enseñar a nuestros hijos desde pequeños, cuando se están instaurando los circuitos cerebrales reguladores, de forma afectuosa, qué conductas son (o no) aceptables. Nos gustaría decir «sí» más veces. Sin embargo, en demasiadas ocasiones tenemos que decir «no».

Pero, en determinados momentos, las cosas no salen como esperamos o deseamos. En ocasiones, por mucho que nos hayamos esforzado, por mucho que seamos cariñosos y respetuosos con ellos, siguen sin respetar las normas, siguen saltándose los límites y la situación se complica.

¿Qué podemos hacer? Las consecuencias

En primer lugar, mantenernos firmes. No podemos permitir que nuestros hijos hagan lo que quieran. En segundo lugar, utilizar estrategias de aprendizaje menos dañinas, más efectivas y positivas, como por ejemplo las consecuencias. Hay diferentes tipos de consecuencias. Vamos a centrarnos en dos: las naturales y las lógicas.

Las **consecuencias naturales** ocurren sin que los adultos tengamos que intervenir. Obedecen a un mecanismo de causa-efecto natural ante una situación o comportamiento. Por ejemplo, si Luisa se retrasa al coger el autobús, la consecuencia natural es que tendrá que ir andando (si es posible y seguro). Si Miguel no quiere ponerse el plumífero, pasará frío y se resfriará.

Sin embargo, hay innumerables situaciones en las que no podemos permitir que nuestros menores experimenten las consecuencias naturales, porque su vida, su seguridad o su integridad estarían en peligro. No podemos permitir que enfermen, se hagan un corte al jugar con un cuchillo afilado, les pille un coche al cruzar en rojo sin darnos la mano cuando tienen tres años o los agreda alguien al volver de madrugada de la discoteca. En esos casos, «diseñamos» **consecuencias lógicas.** Con ellas, el adulto decide sin reproche, enfado ni sermón qué ocurrirá al traspasar el límite.

Las consecuencias lógicas deben cumplir la regla de las cinco erres:

- Estar **relacionadas con la conducta** que queremos corregir (lo más posible).
- Ser **razonadas,** argumentarlas para que el o la menor comprenda.
- Ser **razonables** (lógicas, sensatas).
- Ser **reveladas** y avisadas de antemano, nunca improvisadas.
- Realizarse sin **reproches** ni enfados.

Es importante que las establezcamos de forma respetuosa, lo antes posible y que sean breves y apropiadas a la edad. Siempre las respetaremos. Si cedemos, aunque solo sea una vez, retrocederemos lo poco que hayamos avanzado.

Para formular una consecuencia, podemos utilizar la siguiente fórmula: «Cuando haces *a*, ocurrirá *b*». Veamos algunos ejemplos:

- «Ya sabes que a las nueve tienes que estar en la cama. Cuando sigues dando vueltas y vueltas, no hay tiempo para leer un cuento». Si ven que no queda tiempo, lo más probable es que se enfaden. Pero también es probable que, con los días, no tarden tanto en acostarse. Y si tardan, vivirán las consecuencias sin que nosotros, sus adultos de referencia, nos pongamos nerviosos o gritemos. Si luego se enfadan porque no hay cuento, que se enfaden, pero habrán aprendido qué ocurre si remolonean para meterse en la cama.
- Cuando llegue la rabieta, tenemos que tener fuerza para mantenernos serenos y hacerles ver la importancia de

acostarse temprano. Una vez que la norma está clara («a las nueve se apaga la luz»), ya no es castigo, es consecuencia.

- «Cuando dejas la verdura porque no tienes más hambre, tampoco querrás postre ni otra cosa».
- «Cuando dejes la ropa sucia en el suelo, no se lavará».
- «Cuando pegas a tu hermano, no jugarás con él».
- «Cuando no recojas los juguetes, los meteré en bolsas y los guardaré en el trastero».

No olvides que, por muy difícil que te parezca, no debes perder las formas, la paciencia y el cariño.

EL TONO Y LAS FORMAS DURANTE LOS CONFLICTOS

Cuando se produce un conflicto en casa, no siempre es fácil hablar de forma asertiva. No siempre es fácil usar el tono y las formas adecuadas.

Muchas madres y muchos padres, para evitar que el conflicto aumente, adoptan una postura pasiva, sumisa, agachan la cabeza o no dicen nada. Otros reaccionan de forma agresiva. Elevan la voz y contraatacan, aumentando la ansiedad derivada de la situación. Sin embargo, **lo ideal es tener un comportamiento asertivo: tener claros los límites, hablar con respeto y firmeza, y escuchar de forma activa.**

Veamos una técnica sencilla que podemos utilizar cuando se presente una situación que nos saque de nuestras casillas.

Se denomina la **técnica del sándwich,** y consiste en expresar la idea negativa o conflictiva entre dos ideas positivas. ¡Veamos cómo!

Primero formulamos un mensaje positivo con el cual expresamos que comprendemos la postura de nuestra hija o hijo ante la situación. Para ello, utilizamos mensajes del tipo «entiendo que...», «sé que...».

En la segunda parte está la «chicha». En ella vamos al grano de la forma lo más objetiva posible (sin juicios). En un conflicto, es en esta parte donde expresas cómo te sientes. Por ejemplo: «Cuando te comportas así, yo me siento...».

Por último, volvemos a la parte «blandita», en la que expresamos nuestro agradecimiento por su predisposición para que la situación mejore.

Un ejemplo completo de la técnica sándwich podría ser el siguiente: «Entiendo que tienes muchas ganas de jugar, y que te encanta pintar; además, haces unos dibujos preciosos. Sin embargo, que pintes en la pared me enfada y me pone triste. Luego tengo que limpiarlo y después estaré cansada y no tendré tiempo para jugar contigo. Sé que no has caído, pero ahora que ya lo sabes, por favor, cuando quieras pintar, me pides un folio y yo te lo doy encantada. Gracias por estar tan atento y por hacerlo a partir de ahora».

Imagina ahora que tu hijo ha llegado muy tarde. Podrías expresárselo así: «Entiendo que estás muy a gusto con tus amigos. Sin embargo, cuando llegas tarde, me pongo nerviosa. No he dormido en toda la noche. Sé que no te has dado cuenta, pero ahora que ya lo sabes, te pido que siempre llegues a tu hora. Gracias por hacerlo a partir de ahora».

Intenta con todas tus fuerzas no usar la violencia, no pegar (ni un cachete), no zarandear, no insultar, no amenazar, no avergonzar, y no digas nunca que dejarás de quererlo.

«NO, PORQUE TE QUIERO»

Quiero volver al título de este capítulo: «No, porque te quiero». Creo que ha quedado claro que **para que el cerebro se desarrolle de forma óptima, nuestros menores necesitan normas, límites y disciplina. Pero también necesitan amor, vínculo y seguridad.**

La verdadera unión familiar se forja
a través del cariño y el respeto mutuos.

John Bowlby (1907-1990), padre de la teoría del apego, describía a mediados del siglo pasado que el ser humano tiene la necesidad de establecer un vínculo con quien lo cuida (generalmente madre o padre).

Dicho de otro modo, sin amor no sobrevivimos. Antes que Bowlby, un cruel experimento llevado a cabo por Federico II en el siglo XIII así lo demostró. Este emperador ordenó que se recluyeran en una sala a treinta recién nacidos y que se les suministraran los mejores cuidados de la época. Sin embargo, las criadas que se ocupaban de su cuidado no debían hablarles ni mostrarles afecto.

El resultado fue trágico, murieron todos los bebés antes de los tres años. Este cruel experimento despertó el interés del famoso psicoanalista austriaco René Spitz (1887-1974), que estudió las consecuencias de la privación emocional en los primeros momentos de vida del ser humano. Comprobó que la falta de afecto, cariño y amor causaban malestar, ansiedad, miedo, depresión, retraso motor, pasividad, ausencia de expresiones en el rostro, mala coordinación ocular y reducción de la capacidad cognitiva.

Numerosos trabajos empíricos e investigaciones han demostrado que el primer lugar donde un menor aprende a gestionar sus emociones es la familia. La falta de implicación o atención, la negligencia, la sobreprotección, la falta de comunicación o el maltrato pueden resultar negativos y tener consecuencias a lo largo de toda la vida.

No podemos evitar que niñas y niños sufran, pero podemos enseñarles lo mejor que podamos a gestionar ese sufrimiento. El apego seguro proporciona confianza. Amar y ser amados no es un capricho, es un derecho. Nuestras criaturas necesitan que establezcamos con ellas, día a día, un vínculo seguro. Esto es, decirles con nuestros actos y palabras: «Te tengo en mi corazón y en mi cabeza, eres lo más importante para mí».

Todo proceso de aprendizaje se estimula a través de la comunicación, de los vínculos emocionales, del tacto y del contacto visual con nuestros cuidadores principales.

Para que esto sea posible, tenemos que estar disponibles, pendientes, lo más cerca posible, priorizando sus necesidades. Tenemos que favorecer que se segregue oxitocina, buscando el contacto físico (con besos y abrazos), marcando rutinas, siguiendo horarios, siendo constantes, jugando, saliendo juntos, hablando, razonando, discutiendo con honestidad y sinceridad, dándoles valor y diciéndoles «no, porque te quiero», todas las veces que creas necesario.

Y si te equivocas, no pasa nada, no podemos hacerlo todo siempre bien. No somos perfectos, tampoco sería bueno. Tienen que aprender que en la vida pueden suceder cosas dolorosas que deberemos aprender a elaborar. Debemos urdir unos buenos cimientos a base de vínculos. Lo ideal sería que lo hiciéramos también con nuestra pareja, si la tenemos, con nuestra familia de origen, con los amigos y con las personas cercanas.

Yo crie a mi hija y a mi hijo bastante sola, porque mi marido trabajaba en otra ciudad. No tenía red social, lloraba mucho, sobre todo con mi hija mayor. Fue durísimo. Lo más duro que he vivido en mi vida. Lo hice lo mejor que supe y que pude, y creo que no me ha ido tan mal. Mi hija y mi hijo son personas buenas, trabajadoras, empáticas, cariñosas, con valores y con errores, como todo el mundo.

Haz todo lo posible para crear vínculo con tus criaturas, hazles entender que tienes una misión, ayúdalos a que se desarrollen en plenitud y dispongan de las herramientas necesarias para que sean capaces de buscar su propia felicidad, su éxito personal y profesional, su salud integral y el desarrollo de sus capacidades.

Ser madre o padre no significa tener seguridad en todo. Solo significa hacerlo lo mejor que sepamos y podamos en nuestras circunstancias. Aquí las mujeres tenemos mucho que trabajar, porque tendemos a culpabilizarnos si no sale todo perfecto. Debemos ser más amables con nosotras mismas y dar ejemplo a hijas e hijos con el fin de que aprendan a serlo el día de mañana.

Los profesionales de la pedagogía somos prevencionistas. Creo que prevenir es la mejor inversión. Si conseguimos que nuestros niños interioricen hábitos saludables, al tiempo que buscan su felicidad, alcanzan sus logros y desarrollan su potencial, tendremos menos conflictos con los que lidiar.

Si somos capaces de edificar unos buenos cimientos durante la infancia, será más fácil transitar la siguiente etapa, la adolescencia. Esta es mi etapa favorita, una verdadera maravilla. Vamos a por ella.

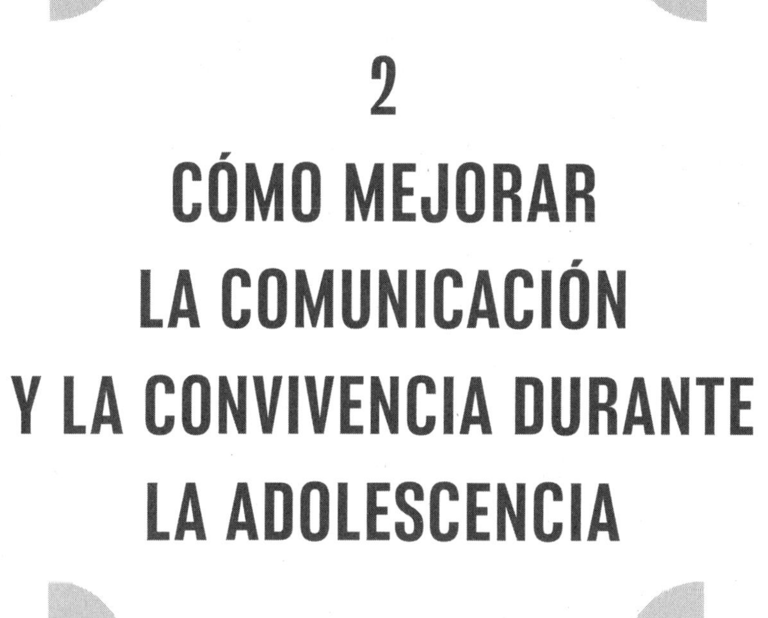

2
CÓMO MEJORAR LA COMUNICACIÓN Y LA CONVIVENCIA DURANTE LA ADOLESCENCIA

Hace dos mil quinientos años, Sócrates dijo las siguientes palabras sobre la adolescencia: «La juventud de hoy ama el lujo, es mal educada, desprecia la autoridad, no respeta a sus mayores y chismea cuando debería trabajar. Los jóvenes ya no se ponen de pie cuando los mayores entran al cuarto. Contradicen a sus padres, fanfarronean en la sociedad, devoran los postres en la mesa, cruzan las piernas y tiranizan a sus maestros».

Pero no es el único, generación tras generación, los mayores se quejan de los adolescentes. Incluso en el momento actual, se los llama vagos, se dice que han perdido los valores, son irrespetuosos, superficiales, impulsivos, egoístas, borrachos, peores que la generación anterior y un largo etcétera.

Aristóteles afirmaba: «Los jóvenes de hoy no tienen control y están siempre de mal humor, han perdido el respeto a los mayores, no saben lo que es la educación y carecen de toda moral». Platón se preguntaba: «¿Qué está ocurriendo con nuestros jóvenes? Faltan al respeto a sus mayores, desobedecen a sus padres, desdeñan la ley y se rebelan en las calles inflamados de ideas descabelladas. Su moral está decayendo. ¿Qué va a ser de ellos?».

Años más tarde, William Shakespeare escribió lo siguiente: «Quisiera que no hubiese edad entre los dieciséis y los veintitrés años o que la juventud durmiera durante el intervalo, pues entre las dos edades no hay otra cosa sino muchachas embarazadas, viejos insultados, robos y peleas…».

Así podríamos continuar con citas cargadas de estereotipos negativos. Cuando doy una conferencia sobre la adolescencia, suelo pedir a las personas asistentes que me digan adjetivos que les vengan a la cabeza sobre esta etapa. Los más comunes son *perezoso*, *rebelde*, *desordenado*, *vago*, *contestón*, *impulsivo*, *desafiante*, *influenciable*, *inseguro* y muchos más del mismo cariz. ¡Cuántas veces me han contado las locuras que hacen los adolescentes que conocen! Locuras hasta bien entrados los veinticinco años, edad en la que aproximadamente termina esta etapa.

¿Veinticinco o más? Pero ¿tantos años dura la adolescencia? Sí, incluso más. Lo cual tiene un problema añadido: como parecen adultos, los tratamos como tales.

Esta mala prensa favorece que sea una etapa llena de miedos e inseguridades. Nos hacen creer que durante esos años tendremos que subsistir como podamos a los embates que nos irán llegando. Todo el mundo te previene, te atemoriza y te presagia los peores males. Sin embargo, la inmensa mayoría de adolescencias transcurren sin mayores problemas. Por eso es tan importante que nos formemos e informemos, para comprender por qué nuestros jóvenes se comportan de la forma en que lo hacen.

Cuando tenemos un bebé y durante su infancia, nos compramos libros, asistimos a conferencias o buscamos perfiles confiables en las redes sociales para aprender a educar mejor. Por ejemplo, imagina que no sabes cuándo y cómo quitar el pañal o cómo gestionar una rabieta, te pones a leer, miras vídeos (espero que sean de gente experta) o acudes a conferencias y rápidamente tendrás información para hacerlo lo mejor posible. Sin embargo, cuando llega la adolescencia, nos relajamos y nos «echamos la siesta» con la errónea idea de que nuestro «trabajo» ha finalizado. Pero no, nos queda mucho por hacer, sobre todo nos queda mucho por supervisar, guiar, acompañar, analizar (que no juzgar).

Los adolescentes no son alienígenas, simplemente **están en una etapa vital especial desde el punto de vista fisiológico y neurológico,** que marca la diferencia con el resto de los momentos vitales. Mi objetivo es desmitificar las ideas erróneas sobre la adolescencia y ayudarte a entender cómo funciona el cerebro durante esta edad y por qué actúa así, con el fin de que mejoren en todo lo posible la comunicación y la convivencia en tu hogar.

La adolescencia trae consigo una crisis personal que culmina en un individuo con una nueva identidad.

Como hemos visto en el capítulo anterior, la corteza prefrontal (el lugar donde se valoran las acciones, se juzgan las situaciones y se toman las decisiones) es la última en desarrollarse. Esto quiere decir que, hasta que su cerebro esté perfectamente cableado, deberás asumir el control y procurar pensar por tu adolescente. Todo con extremo cuidado. Cuando dejan la infancia, sus figuras de apego pasamos a un segundo plano, toman decisiones propias y las estrategias deben cambiar.

En estas páginas no pretendo adoctrinarte sobre cómo debes educar a tu adolescente. Solo intento ser el faro que te ilumine para que seas capaz de llegar a una costa llena de rocas. Tú gobiernas el barco. Coge el timón y empieza a pilotar.

LA HISTORIA DE ALEJANDRA

Un día, tras una conferencia sobre educar en sexualidad para familias de Educación Secundaria Obligatoria (ESO), Alejandra, una madre sentada en primera fila, se acercó a hablar conmigo. Durante los primeros minutos apenas dijo una palabra... No era capaz, solo lloraba.

Cuando se calmó me contó lo siguiente:

> Mi hija ya no me habla y cuando lo hace es para faltarme al respeto. Antes era una niña muy cariñosa, amable y encantadora, pero no sé qué le pasa. Hoy me ha pedido dinero para ir a la

peluquería. Me ha dicho que quiere raparse media cabeza y la otra media teñírsela de verde en apoyo al cambio climático.

Soy muy comprensiva, Carmen, pero no reconozco a mi hija. Estoy divorciada, trabajo mucho, le doy lo mejor de mí y procuro estar ahí cuando lo necesita, pero algo se me está escapando. Se ha vuelto rara, imprevisible, introvertida y provocadora. El otro día, cuando la recogí en la puerta del instituto, la vi saliendo con una chica y un chico. La chica iba rapada, el chico tenía el pelo pintado de rojo. Ya no sale con sus amigos de siempre, dice que le aburren. Tiene nuevos amigos que no conozco, no sé qué estará pasando. Quiero saber si tengo que darle el dinero para que se tiña y se rape la cabeza.

Es difícil contestar cuando me hacen preguntas de este tipo y no puedo dedicarles el tiempo que se merecen porque hay quince madres más que quieren hablar conmigo. Le respondí: «Alejandra, tu hija es adolescente y está *atrapada* en un lugar intermedio entre la infancia y la madurez, tiene su cerebro en construcción, es inmaduro, se está recableando, lo que favorece la impulsividad, la falta de raciocinio, la incapacidad para valorar las consecuencias, las conductas de riesgo y la inestabilidad emocional. Tu hija está experimentando con su identidad y para ella es fundamental su aspecto físico, si sus amigos llevan el pelo con un aspecto extravagante, ella también lo quiere así para ser una más del grupo. Creo que no debo decirte si debes dejar que se haga todo eso en el pelo con catorce años. Deberás decidirlo tú. Lo único que quiero es que sepas qué le está pasando a su cerebro inacabado para que tu hija tome este tipo de decisiones».

Remití a Alejandra a varias lecturas, pero no entendía muy bien. Querida Alejandra, este capítulo va dedicado a ti y a todas las Alejandras que me voy encontrando por el camino. Espero aportar algo de luz desde el rigor científico y la experiencia como madre y profesional. No olvides que conocer te ayudará a comprender y a actuar.

LA ADOLESCENCIA Y SUS DESAFÍOS

La adolescencia es el periodo de crecimiento y desarrollo humano que se produce después de la niñez y antes de la edad adulta. Es una etapa de tránsito en la que se producen grandes cambios corporales, sexuales, intelectuales y emocionales; se construye nuestra personalidad, nuestra autoestima, nuestra manera de vincularnos, de percibirnos, de comprender el mundo, de posicionarnos ante él y de tomar nuestras primeras decisiones.

La idea que mejor define a un adolescente es que «está en construcción». Los adolescentes se rigen por el principio del placer y la recompensa inmediata. Quieren hacer lo que les da la gana, ¡ya!, sin valorar las consecuencias de sus actos. Rechazan el control y los límites.

No podemos exigirles que actúen como si ya lo supieran todo. No obstante, tienen mucho que aprender y por ello tenemos que exigirles que asuman responsabilidades y respeten las normas, aunque no sean de su agrado.

Esta etapa es una gran oportunidad para incidir en su desarrollo, antes de que su cerebro madure por completo, sobre los veinticinco años.

El ser humano nace inmaduro y sin herramientas para hacer frente a la adversidad. En el momento de venir al mundo, el cerebro es la estructura más incompleta del cuerpo humano. Durante su desarrollo, aumentará de tamaño y cambiará todo el cableado interno. Como hemos visto en el capítulo anterior, el cerebro se construye y se conecta entre sí desde la parte posterior a la anterior. Las últimas partes en conectarse son los lóbulos frontales. Esto significa que, durante la adolescencia, está todavía inmaduro, algo que explicaría la conducta desconcertante a estas edades.

Si el cerebro está inmaduro y no controla bien, quiere decir que el adolescente va a necesitar a su madre y su padre —o a su figura de apego— más que nunca. Es nuestra responsabilidad supervisar, razonar, explicar incansablemente, organizar, limitar, estar cerca y dar ejemplo a nuestros adolescentes, hasta que su cerebro esté cableado, conectado y maduro.

No va a ser fácil. Nuestro objetivo será conseguir que «sufran en sus propias carnes» lo necesario para que aprendan a controlar su comportamiento. Debemos motivarlos para que tengan voluntad y pospongan las gratificaciones. Hacerles saber que no se lo merecen todo y que van a tener que luchar para intentar alcanzar sus metas.

Durante la infancia, todo fluye mejor. Sin embargo, cuando llega la adolescencia, esa niña dulce y ese niño cariñoso se convierten en perfectos desconocidos: quieren comprarse ropa estrafalaria, teñirse el pelo de colores, encerrarse en su dormitorio y no salir ni para comer, tienen comportamientos impulsivos, nos responden de mala manera, etcétera.

Sabemos que en esta etapa va a haber tensión, algo que entra dentro de lo «normal». Lo que no quiere decir que nos relajemos ante comportamientos inadmisibles: no respetar normas, saltarse los límites, negarse a cumplir consecuencias, insultar...

Durante la adolescencia hay que cortar por lo sano desde el primer momento en que transgreden la norma o faltan al respeto. No podemos permitir que pasen del primer escalón. No podemos permitir que lleguen a las cinco de la madrugada, si su hora de llegada es las doce; no podemos permitir que se lleven la bandeja a su dormitorio en cada comida en lugar de comer en familia.

No pueden hacer lo que les dé la gana... De ninguna manera. Sin embargo, me encuentro con demasiada frecuencia a madres y padres sobreprotectores y permisivos con sus adolescentes. Madres y padres que evitan toda dificultad y sufrimiento, que les solucionan todos los problemas y no los preparan para la vida. Menores malcriados que no saben hacerse ni la cama. Jóvenes débiles que se vienen abajo a las primeras de cambio.

Cuidado, no estoy diciendo que eduquemos de forma estricta y autoritaria. Me refiero a que no se lo facilitemos todo.

Me encuentro a madres (sobre todo) que se sientan cada día a estudiar y hacer deberes con ellos, desde Primaria a la universidad. Esto tiene como consecuencia personas inseguras que no saben hacer nada por sí mismas.

La adolescencia es un periodo de duelo. Tenemos que renunciar a los ideales de la infancia, años en los que «todo va de maravilla». Es una etapa, lo que significa que transcurre durante un tiempo determinado: tiene principio y fin. Y durante estos años, vamos a tener que estar lo más implicados posible. Justo al contrario de lo que a menudo observo. Llegada esta edad, un número significativo de madres y padres sienten una especie de liberación y empiezan a dejar a los adolescentes solos más tiempo del debido.

La adolescencia tiene unos años de subida y una cima donde corren más riesgos y están bastante insoportables. Luego se produce una bajada espectacular y, poco a poco, va ganando la lucidez.

En las chicas, la rampa de subida suele estar entre 6.º de Primaria y 1.º de la ESO. Empiezan a cuestionarnos, nos desafían y protestan por todo. En 4.º, empieza la bajada, en 1.º de Bachillerato suelen serenarse. En 2.º, las chicas suelen ser superestudiosas, responsables, con ganas de sacar buena nota de corte. En los chicos, todo este proceso ocurre uno o dos años más tarde.

La adolescencia es una etapa de provocación y fanfarronería, de desafío a tres niveles: social, familiar y personal. A nivel social van a estar interesados en nuevas amistades y otras formas de ocio, ¡sin su madre y su padre! Los colegas, el sentido de pertenencia al grupo, el temor a ser excluido..., van a estar en primera línea durante estos años. Algo que, con toda seguridad, será para ellos una fuente de estrés por la presión social del entorno cercano y mediático, que machaconamente les inocula la idea de que son libres para hacer lo que quieran.

Como ya hemos visto, los adolescentes no son adultos, no están suficientemente maduros, aunque a veces tengan cuerpos grandes. Por eso necesitan nuestros límites y nuestra seguridad. Si un adolescente no recibe información y formación de sus mayores, no va a saber reaccionar, no va a encontrar una excusa o una respuesta, no va a tener la capacidad para valorar las posibles consecuencias de lo que el grupo propone, porque su escala de valores es inexistente.

Es una etapa de alejamiento y privacidad, por eso no soportan que les preguntemos o invadamos su espacio. Se van a esforzar mucho para que te quede claro que te quieren lejos. Aunque en el fondo están asustados y te necesitan. Tienen que enfrentarse al mundo exterior. Tienen mucho que aprender y por eso se tienen que arriesgar. Es ley de vida. No te lo tomes como algo personal. No has hecho nada mal. No es un fracaso.

Es normal que se quieran separar para acercarse a sus iguales, que busquen otros referentes, que nos lleven la contraria, que nos digan que no. Deben entrenar para aprender a solventar los peligros del mundo. Tienen que alejarse para construir su identidad. Por ejemplo, te pedirán que no los recojas en la puerta del instituto o que no asistas a su baile de fin de curso. Tu respuesta será serena: «Lo siento, mi vida, voy a ir, pero te recojo al final de la calle o, si quieres, me pongo en la última fila de la sala, pero iré».

Por favor, ve a todas las actividades de tus adolescentes, recógelos a la salida del cine o de la discoteca, si lo ves conveniente, pero no llames la atención. Sé prudente y espera fuera de la vista para que no «sienta vergüenza». Aunque diga que no, tienes que estar presente en su vida. Camúflate, pero haz lo que tengas que hacer.

Durante esta etapa, conocerán nuevas amistades y alguna pareja que los enamorará. Es cuando empiezan a construir su propia escala de valores, a partir de los que han vivido en casa desde la infancia. Seguramente desearás saber qué hace o con quién está y, sobre todo, cómo están afectando esas compañías (o compañía) a su estabilidad emocional y seguridad personal. Sin embargo, a veces, va a ser complicado.

Una idea es supervisar su estado de ánimo al salir de casa y al llegar, su estado físico, sus posibles cambios de comportamiento, altibajos y todas las señales (en el cuerpo, psicológicas, académicas, sociales...) que te puedan ofrecer información sobre si las relaciones que mantiene aportan o no valor.

Es también la **etapa del amor, del desamor y de la sexualidad.** Es necesario que converses sobre cómo deben ser las relaciones de pareja o de grupo. Nadie tiene que estar por encima del otro, han de ser igualitarias, no debe haber dependencia emocional, no hay que dejar a tus colegas anteriores a un lado, no te pueden exigir exclusividad, no tienes que pedir permiso, jamás tienes que hacer lo que no te apetezca, tienes derecho a decir «no» y un largo etcétera...*

La adolescencia es también una **etapa de desafío familiar.** Una familia con adolescentes suele transformarse en su conjunto, igual que se transforma cuando llega un bebé. Cambiarán las normas, las rutinas de la convivencia, los roles de autoridad, la distancia emocional, el afecto físico, la distribución del tiempo y el espacio en el hogar...

De ahí que, con relativa frecuencia (sobre todo si han iniciado una nueva vida con otra pareja), algunas madres o padres decidan por comodidad ir de colegas, algo bastante contraproducente.

Como ves, la adolescencia es una etapa complicada, por eso nuestros hijos e hijas necesitan a personas adultas y formadas que los ayuden, guíen, formen y contengan, con información veraz y rigurosa, que sepan qué ocurre y por qué y que conozcan herramientas para afrontar las vicisitudes que van a ir surgiendo. Para ello, es necesario eliminar de nuestro imaginario la gran cantidad de mentiras que hay en torno a esta etapa.

* Los contenidos del párrafo anterior y de este los veremos en profundidad en mi próximo libro.

MITOS SOBRE LA ADOLESCENCIA

La adolescencia es una etapa sembrada de mitos. La visión más extendida es que es una etapa terrible de la vida (sin embargo, yo creo que es maravillosa). Te pongo un ejemplo: hace unas semanas preguntaba en mis redes sociales: «¿Qué sientes ante la palabra *adolescencia*?». Más de cincuenta madres me respondieron «miedo».

Este miedo se transmite generación tras generación, sin base científica, y determina más de lo que podemos imaginar la forma en la que los adolescentes se van a comportar. Porque, al repetir estas creencias, les damos argumentos para comportarse de esa manera. Se sigue creyendo que *adolescencia* es sinónimo de *adolecer*, en el sentido de «padecer» y «vivir en conflicto».

Sin embargo, *adolescencia* tiene que ver con crecimiento. El adolescente no es el que padece, es el que crece. Y el crecimiento pueda implicar alguna cuota de dolor y de conflicto, porque ambos son el motor del crecimiento. Se sigue pensando que el comportamiento sensible, impulsivo y rebelde de los adolescentes está producido por los kilos de hormonas que, de pronto, se empiezan a segregar en su cuerpo. Es cierto que el nivel hormonal es más elevado en esta época, pero **el cambio de actitud no se debe a las hormonas. Se debe a los cambios que se están produciendo en su cerebro.**

Las hormonas sexuales están presentes desde el nacimiento y se quedan en estado de hibernación hasta la llegada de la pubertad. Es un mito que los adolescentes tienen mayores niveles de hormonas que los adultos; simplemente, reaccionan de forma distinta. También lo es que el cerebro está desarrollado por completo al principio de la pubertad. Ya sabemos que no está del todo maduro hasta los veinticinco o treinta años, aproximadamente, lo cual supone una gran ventaja porque tiene más tiempo para aprender. Se dice que son vagos, egoístas, irresponsables, que no les importan sus padres y muchas cosas más.

Es hora de desmitificar la adolescencia. Vamos a intentar desmontar el mayor número de falsas creencias para que, partiendo de la ciencia, estemos bien informados y formados.

EFECTO PIGMALIÓN O LA PROFECÍA AUTOCUMPLIDA

Ya hemos comentado que la llegada de la adolescencia suele generar miedo e inseguridad. Sin embargo, la mayoría de los adolescentes transitan por esta etapa sin el más mínimo problema.

¿Por qué entonces tantas etiquetas, la mayoría negativas? Etiquetas muy difíciles de quitar, igual que las etiquetas de los botes de tomate frito.

Cuando etiquetamos a un adolescente, las expectativas que tenemos acerca de su conducta influyen en la propia conducta. **Y corremos el riesgo de que asuman ese rasgo que les estamos asignando. Es lo que se llama *efecto Pigmalión*.**

Estamos constantemente encasillando a nuestros menores y lo más trascendental es que **estas proyecciones tienen el poder de moldear su identidad.** Frases como «eres una irresponsable», «eres un vago», «esa música es espantosa», «tus amigos no valen un duro», «no vales nada», «estás gorda [o gordo]» van calando hasta que se infiltran en la imagen que tu hija o hijo tiene de sí mismo, causando un gran impacto en su estado anímico.

La forma en la que miras a tu adolescente recaerá sobre su espalda, facilitando que se cumpla tu «sentencia». Esto es, lo ayudará a ser lo que le has dicho que es. «Si soy una irresponsable, no me voy a esforzar, porque soy irresponsable», «Si soy un vago, no me voy a esforzar y ponerme a estudiar». Por el contrario, si tu mirada valora lo positivo y se lo haces ver sin pudor, lo ayudarás a ser mejor, a verse mejor y sentir más seguridad.

Una hija o un hijo aceptan el lugar que les damos en el mundo, ya sea bueno o malo, ya esté lleno de amor o cargado de rabia. Cuando hables con tu adolescente, deja a un lado las etiquetas. Céntrate en su conducta, no en su persona. Por ejemplo, no digas: «Eres un borracho». Di: «Beber hasta marearse es peligroso». No digas: «Eres una vaga», mejor di: «Te estás esforzando poco».

¿Por qué los adolescentes nos dan tantos quebraderos de cabeza? Hay razones neurológicas que lo explican. Veámoslas.

EL DESARROLLO DEL CEREBRO ADOLESCENTE

Decíamos anteriormente que la adolescencia es una etapa donde las chicas y los chicos florecen con una nueva identidad, lo que implica adquirir la conciencia de ser distintos a los demás. Durante la infancia, la identidad depende de la familia y del entorno; en la adolescencia tendrán que buscar la forma de ser los protagonistas de su vida.

Para establecer su identidad, los adolescentes necesitan desarrollar un sistema de valores propio. Tendrán que contemplar qué es correcto e incorrecto, definir sus opiniones e intereses y hasta dónde quieren llegar. Para ello, será necesario poner distancia del hogar y buscar relaciones propias. La adolescencia es la etapa para descubrir cómo queremos dirigir nuestra vida, lo que irá asociado inevitablemente con cambios de comportamiento, estado de ánimo o autopercepción, que se sumarán a los cambios biológicos que **inician la capacidad sexual y reproductora de la pubertad.**

¿Qué le ocurre al cerebro mientras vamos creando esta nueva identidad? Le ocurren muchísimas cosas...

El desarrollo del cerebro no es lineal. No madura todo a la vez, de forma homogénea, como lo hacen, por ejemplo, un brazo, la nariz o el corazón. Esto produce un desequilibrio intenso entre cada una de las partes del cerebro. Es como las obras de remodelación de una casa, en las que cada gremio trabaja en un momento diferente. Como he insistido en páginas anteriores, el proceso de maduración va de atrás hacia delante. Del cerebro reptiliano ya he hablado en las páginas 39 y 40. Veamos ahora el cerebro límbico.

El cerebro límbico

La siguiente parte en madurar es el cerebro límbico, que regula las emociones y se convierte en la «zona cero» de la actividad cerebral durante la adolescencia. Durante esta etapa se hace con el control del cerebro. Se dice incluso que lo «secuestra». Una característica que debemos tener muy presente es que, durante la adolescencia, esta parte del cerebro responde de manera inmediata y sin filtro a los estímulos internos y externos, lo que producirá fricciones (sobre todo) con la madre y el padre, que son sus figuras de apego, seguridad y confianza.

La biología está detrás de ello. La parte del cerebro que calma (la que está detrás de la frente) está aún inmadura. Cuando tu hija venga un día del instituto llorando como una Magdalena porque su mejor amiga no puede ir a su cumpleaños, ya sabes por qué reacciona de esta forma tan exagerada. Ni se te ocurra decirle: «Te estás comportando como una niña pequeña», o: «Deja de llorar y hacer el tonto».

Cuando tu hijo te diga «eres la peor madre del mundo» o «te odio», quien habla es la parte emocional, no la cognitiva (no estoy diciendo que permitas faltas de respeto, solo que entiendas por qué ocurre, pero esto lo abordaremos más adelante). Los estudios con escáner que analizan la reacción del cerebro de un adolescente han demostrado que sus respuestas emocionales son el DOBLE de fuertes que las respuestas emocionales de los adultos. Son tan fuertes como si estuvieran recibiendo una amenaza física. Por ello muestran emociones exageradas e inestables. Pasan con rapidez de la tristeza a la alegría, de sentirse los más inteligentes a los más estúpidos de la clase, o de comportarse como niños a exigir que los tratemos como adultos, de ser cariñosos a ser fríos como un témpano de hielo...

La amígdala, una estructura que está en el centro de nuestro cerebro (no tiene nada que ver con las de la garganta), es el lugar donde se generan las emociones, y se activa de forma muy intensa y rápida ante situaciones que implican una amenaza. Por eso las emociones son impulsivas, lo que no quiere decir que no podamos aprender a gestionarlas y reconducirlas. El miedo o la ira, muy presentes durante la adolescencia, anulan o disminuyen la capacidad reflexiva.

Sabemos que todas las experiencias que vivimos y cómo las gestionamos van quedando registradas en nuestras conexiones neuronales. No se desarrolla igual el cerebro de un adolescente que tiene que lidiar a diario con emociones desagradables —como la tristeza, el miedo, el rechazo o la ira— que el cerebro de quien se desarrolla entre emociones agradables —como la alegría, la felicidad o la sensación de afecto—. Tanto unas como otras determinarán cómo se perciben los adolescentes a sí mismos, cómo se relacionan con su entorno y cómo construyen su vida futura. Por eso resulta crucial generar un ambiente de amor y confianza.

Se ha comprobado que los menores que no reciben estímulos emocionales de sus progenitores (no juegan con ellos, no les hablan, no los abrazan, no los miran o no los besan) generan menos conexiones neuronales que los que reciben estos estímulos, algo que repercutirá negativamente en sus funciones ejecutivas (capacidad de autocontrol, toma de decisiones, creatividad, abstracción, planificación o raciocinio), algo que repercutirá en su vida futura.

Mientras el cerebro límbico está madurando, los adolescentes suelen estar hipersensibles y demasiado centrados en sí mismos. Creen que son las únicas personas del mundo que se sienten mal y que nadie los comprende (su madre y su padre los que menos). Por eso buscan el aislamiento.

Son egocéntricos y muy imaginativos. Buscarán el éxito y la recompensa rápida. Se dejarán llevar por el riesgo, el entusiasmo y la novedad. Se creerán el centro de atención de las personas que los rodean y, por supuesto, pensarán que son los protagonistas de la historia y que nunca «les pasará nada malo». Si ocurre algo, será a los demás. Se creen invulnerables. Quieren conocer y experimentar.

Este cóctel les permitirá crearse un relato sobre ellos mismos, teniendo como punto de partida (no lo olvidemos) las vivencias durante su infancia.

IMPORTANTE

Si antes de la llegada de la adolescencia se les ha educado en casa para ser autónomos y responsables, han aprendido valores y hábitos saludables, han interiorizado una sana autoestima y empatía, tendrán una gran ventaja (nosotros, también). Lo que no quiere decir que no vayan a necesitar supervisión, normas claras, límites detallados que no puedan traspasar y la asunción de consecuencias.

La adolescencia se empieza a forjar durante la infancia, de ahí la necesidad de trabajar cuanto antes habilidades que ayuden a regular las emociones. No es fácil abandonar la niñez y su seguridad para enfrentarse a esta etapa llena de dudas y en la que con frecuencia «no te gustas». La adolescencia es una etapa de soledad en la que a veces faltan fuerzas para sobrellevar lo que te ocurre. Cuanto más preparados estén a todos los niveles —sobre todo a nivel emocional—, mucho mejor.

Se ha comprobado que el apoyo emocional (no sobreprotector) durante la infancia y la adolescencia, que les proporcione suficiente confianza en sí mismos y en su propio juicio, favorece el desarrollo individual y es crucial cuando se enfrentan a situaciones nuevas en las que deben utilizar sus experiencias previas y reflexionar sobre la mejor manera de resolver un conflicto. Para que el cerebro vaya fortaleciendo las conexiones neuronales necesarias para que una niña o un niño crea en su juicio, debemos facilitarle situaciones en las que pueda tomar decisiones, adaptándonos a su edad, sin sobreprotegerlos ni forzarlos en exceso.

Llevarse bien con un adolescente no es fácil, pero es posible. Exige paciencia, perspectiva y empatía. Se trata de saber el porqué de sus deslices y de actuar con las herramientas adecuadas, sin sobreprotegerlos ni encerrarlos en una burbuja. No vale con evitar sus frustraciones. Tendrá que aprender a frustrarse frustrándose. Lo sé, parece duro, pero es un grave error ir quitándole las piedras del camino. Tiene que aprender a saltarlas, afrontarlas y esquivarlas.

Tampoco sirve mirar hacia otro lado, ser exigente o dictatorial. Con seguridad, llegarán los silencios y su «aparente» indiferencia a lo que ocurre en casa. Sin embargo, nosotros debemos estar presentes, dispuestos a reaccionar según convenga, para llevarlo lo mejor posible.

Con toda la ternura de la que seamos capaces, nos pondremos en su lugar, haremos saber a nuestras hijas o hijos que estamos ahí para escuchar, dialogaremos insistentemente, los acompañamos y guiaremos para que resuelvan por ellos mismos sus tropiezos.

El neocórtex, la corteza prefrontal

La última parte en madurar es el neocórtex, la corteza prefrontal, que funciona como el director de orquesta de todo el cerebro. Sabemos que el cerebro se va «cableando» lentamente, desde la parte posterior a la anterior, la que está detrás de la frente (el lóbulo frontal). Esto quiere decir que, durante la adolescencia, la zona que gestiona algo tan importante como el control de impulsos, la conciencia, la reflexión, el respeto de normas y límites, la toma de decisiones, la valoración de las consecuencias de los propios actos, el juicio, la empatía y un largo etcétera está en obras.

Imagina la situación: un adolescente, cuyo cerebro se está «reprogramando», tiene que solventar situaciones comprometidas, nuevas y que nadie le ha enseñado a gestionar. Lo más seguro es que el cerebro tenga dificultades para decir «no lo hagas», «para», «ponte a estudiar», «no corras tanto con la moto».

Durante la adolescencia, el cerebro envía impulsos para saltarse los límites establecidos difíciles de frenar, porque aún no se tiene desarrollada la capacidad de autocontrol.

Los adolescentes experimentan constantes batallas entre emoción (acción) y razón (¿lo hago?, ¿no lo hago?). Literalmente, el cerebro los «empuja» a tener comportamientos de riesgo, ante los cuales tienen gran dificultad para reaccionar. Esta lucha conlleva un fuerte deseo de no respetar las normas fijadas, sobre todo cuando están en compañía de sus colegas. Van al límite: discuten con pasión, toman alcohol o sustancias, tienen sexo sin protección «porque controlamos», eligen compañías que no les hacen bien o ponen en peligro su seguridad, sin embargo, no tienen la suficiente madurez para reaccionar, actuar o pedir ayuda.

Esta es la causa por la que nuestra supervisión y nuestros límites son tan importantes. Si el cerebro de un adolescente no encuentra ningún límite que «saltarse», no madurará equilibradamente.

La adolescencia es una etapa de dudas. Por eso necesitan que nosotros llevemos el control y «les prestemos» nuestro cerebro maduro cuando sea necesario.

Tienes mucho que observar y supervisar en tu adolescente. Cuanta más atención prestes, más difícil tendrá caer en «tentaciones» (no estoy diciendo que lo metas en una urna de cristal). Seguramente, te hará enfadar mucho, pero como ya sabes qué le pasa a su cerebro, cuenta hasta diez antes de responder mal y explicarle que su cerebro está reprogramándose y, por eso, necesita tus límites más que nunca.

Te recomiendo que recurras a la neurociencia, lo entenderán mejor y se implicarán más. Les encanta. Lo compruebo en cada conferencia, cuando explico ante un público adolescente «por qué les ocurren esas cosas tan raras». Se quedan absortos escuchándome, mientras van comprendiendo las razones de sus conductas y emociones.

Pero que su cerebro esté «inacabado» no justifica que tengan el derecho a comportarse de forma incorrecta. De ninguna manera. No son robots, son seres racionales. Lo que significa que tienen la capacidad de aprender a autocontrolarse y modificar la conducta.

El cerebro adolescente es neuroplástico

Me gustaría contarte la historia de una neurocientífica que me tiene enamorada, Marian Diamond (1926-2017). Ella fue la responsable de uno de los descubrimientos más impresionantes de la ciencia moderna: la neuroplasticidad. Durante décadas, se creyó que el cerebro alcanzaba su máximo desarrollo en la infancia y que, a partir de cierta edad, la capacidad de aprender y cambiar disminuía. Sin embargo, gracias a las investigaciones pioneras de Diamond, descubrimos que nuestro cerebro es mucho más dinámico y adaptable de lo que pensábamos.

La neuroplasticidad es la capacidad del cerebro para cambiar y reorganizarse a lo largo de nuestra vida. Esto significa que nuestras experiencias, pensamientos y emociones pueden influir en la estructura y función de nuestro cerebro. En otras palabras, nuestro cerebro es como plastilina que se moldea constantemente.

Uno de sus experimentos más famosos consistió en comparar los cerebros de ratones que vivían en ambientes enriquecidos con los de ratones que vivían en ambientes pobres y desalentadores. Los resultados mostraron que los ratones que vivían en entornos estimulantes tenían cerebros más grandes y con más conexiones neuronales. Esto es, el entorno está directamente relacionado con el desarrollo y crecimiento del cerebro. Por ejemplo, si comparamos a un grupo de niñas y niños que sabe leer y escribir con otro grupo que no sabe leer ni escribir con edades similares, comprobaremos que sus cerebros son diferentes no solo a nivel físico o anatómico, sino a nivel de funcionamiento.

Marian Diamond siempre dio importancia a mantener el cerebro activo y especificó **cinco factores clave para que nuestro cerebro siga sano y pueda enriquecer las conexiones: la dieta, el ejercicio, los desafíos, la novedad y el amor.**

Como era de esperar, su trabajo (el de una mujer científica) no fue bien recibido; sin embargo, sus investigaciones sobre el impacto del ambiente en el desarrollo del cerebro han cambiado el pensamiento científico sobre el cerebro (con una población que envejece cada vez más, este resultado fue considerado un gran hallazgo) y, sobre todo, que es donde quería llegar, cómo debemos educar a nuestras criaturas. Las experiencias del día a día y un ambiente estimulante aumentan la capacidad para aprender, modificando las conexiones neuronales y la estructura anatómica del cerebro.

Además, sus experimentos nos ayudan a entender que podemos mejorar nuestro potencial, independientemente de la lotería biológica que nos ha tocado al nacer. Una de las frases con las que se asocia a Diamond es «úsalo o piérdelo», en alusión a la importancia de mantener el cerebro activo, estimulado y aprendiendo.

La adolescencia es una etapa crucial para el desarrollo cerebral. Durante estos años, el cerebro experimenta cambios significativos en su estructura y función, especialmente en las áreas relacionadas con la toma de decisiones, el control de los impulsos y las relaciones sociales.

La neuroplasticidad hace que el cerebro adolescente sea especialmente receptivo a nuevas experiencias y aprendizajes.

Al igual que en los primeros años de la niñez hay un «periodo crítico» de plasticidad en el que el aprendizaje se produce fácil y rápidamente, la adolescencia es una etapa privilegiada del desarrollo, donde los cien mil millones de neuronas están a pleno rendimiento, mientras crean hasta cien billones de conexiones entre unas y otras.

Los adolescentes son máquinas de aprender, de búsqueda de novedades y de correr riesgos. Su cerebro está capacitado para aprender de forma veloz... lo bueno y lo malo. Pueden aprender a ser más fuertes y memorizar mejor o, por el contrario, a tomar drogas y alcohol de forma compulsiva. Algo que debemos prevenir con todas nuestras fuerzas.

Cualquier «mal» aprendizaje durante la infancia puede ser reconducido. Los adquiridos durante la adolescencia también podrán serlo, pero seguramente hacerlo exigirá más tiempo y esfuerzo. Igualmente, debemos saber que hay aprendizajes durante la infancia que pueden perjudicar los futuros aprendizajes en la adolescencia y adultez.

Numerosos estudios han demostrado que la gente que ha consumido habitualmente sustancias tóxicas (alcohol, drogas...) en su adolescencia tiene un descenso de su actividad cerebral y un coeficiente intelectual más bajo. Por ejemplo, se ha comprobado que, si un adolescente toma drogas o alcohol durante el fin de semana y tiene un examen el jueves, ese día su cerebro seguirá afectado.

Durante la adolescencia, además, ocurre algo fascinante. Fíjate en la siguiente imagen.

PODA SINÁPTICA O LIMPIEZA GENERAL

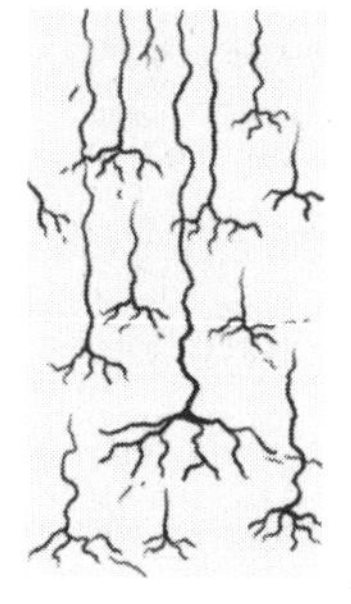

Recién nacido

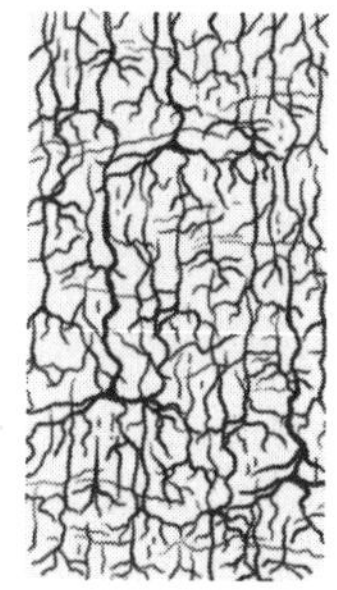

6 años

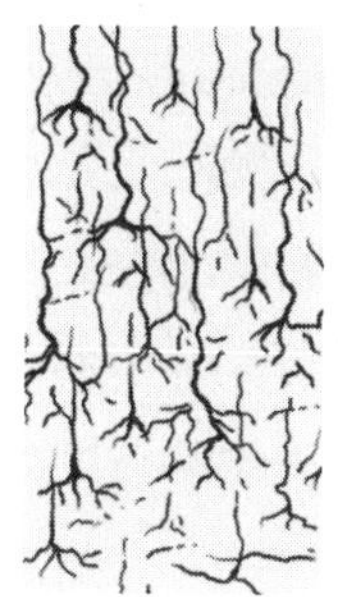

14 años

Observa las neuronas y las conexiones de un recién nacido. Luego, las de un menor de seis años. A continuación, céntrate en las conexiones del cerebro de un crío de catorce años. Cuando llega la adolescencia, se realiza una especie de limpieza general. El cerebro elimina las conexiones innecesarias de la infancia para conseguir una mayor eficacia. Esta limpieza se llama *poda sináptica*. El cerebro es muy eficaz, y si algo no sirve, lo elimina.

Al tiempo que poda las conexiones inservibles, hace más fuertes las conexiones que son útiles y las mantiene activas.

Párate a pensar en la relevancia de lo que te acabo de contar. Si durante esta etapa el cerebro fortalece las conexiones neuronales que usa mucho, sería buena idea motivar hábitos que creamos positivos para su desarrollo como persona íntegra y plena: dialogar, razonar, tener espíritu crítico, hacer deporte, ir al teatro, a conciertos, salir juntos de vez en cuando, estudiar y hacer trabajos intelectuales frecuentemente, ver juntos una película, comer de forma saludable, aprender a cocinar, hacer las tareas domésticas, y un largo etcétera.

No olvidemos que, aunque su cerebro está a pleno rendimiento, aprendiendo, es un poco «vago» y le cuesta poner en práctica hábitos como la autodisciplina, la finalización de tareas o la gestión de emociones.

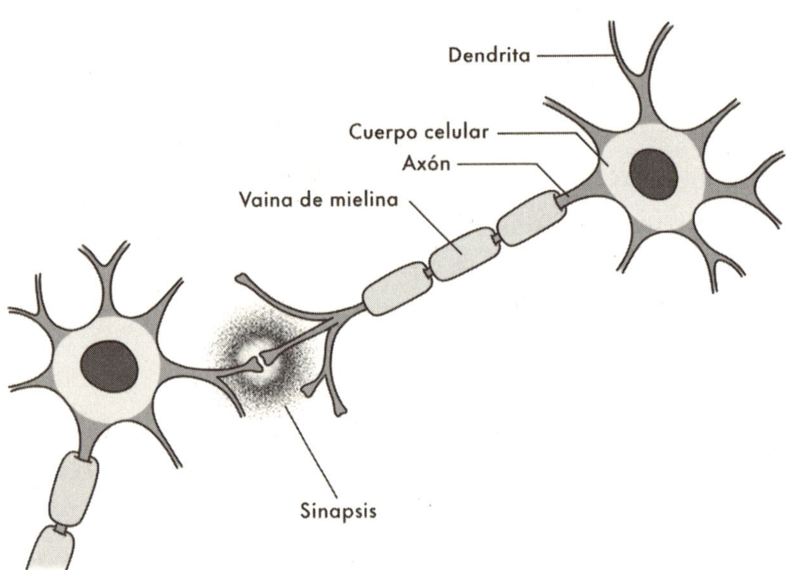

Mientras se produce la poda, a nivel neuronal ocurrirá otra cosa importantísima que ayudará a los adolescentes a convertirse en adultos maduros. Los axones, los brazos de las neuronas, que son los que se acercan a otra neurona para transmitir los impulsos nerviosos, se recubrirán de mielina, una sustancia que funciona como aislante y que hace que la comunicación entre una neurona y otra sea más veloz, rápida y eficaz. (Ver imagen de la izquierda). Pero esto tiene su contrapartida: el adolescente va a sentir como una especie de letargo.

Por eso los adolescentes están siempre cansados. Por eso esta etapa se llama la edad del pavo.

Es típico de los adolescentes levantarse tarde, ir a cámara lenta, tardar en responder y en hacer lo que les pedimos o que les cueste controlar sus emociones. No te están retando. No te quieren fastidiar. Es simplemente que su proceso de maduración no les permite responder más rápido.

EL SUEÑO DURANTE LA ADOLESCENCIA

¿Sabes cuándo se hace la poda sináptica? Se hace por la noche. Por eso, aunque es imprescindible que duerman bien, les va a costar mucho trabajo. Su actividad cerebral les va a dificultar conciliar el sueño a una hora prudencial. Y, claro, al día siguiente van a estar muertos de sueño cuando suene el despertador o se van a querer quedar en la cama hasta las tantas, si es fin de semana, para «recuperar sueño».

Las razones por las que los adolescentes se convierten en búhos son diversas. Durante esta etapa cambia el ritmo circadiano. Por la noche, la melatonina, una hormona fundamental para inducir el sueño, se libera en el cerebro del adolescente más tarde que en el del adulto. También permanece más tiempo en el sistema, por eso por la mañana les cuesta tanto despertarse. Durante la madrugada, se segregan hormonas sexuales, que desvelan y ponen en alerta.

Diversos estudios muestran que los adolescentes que dicen tener muchos problemas para dormir suelen consumir bebidas edulcoradas, alimentos insanos, dulces y cafeína. Supervisa su alimentación en casa y, a ser posible, fuera de ella.

Numerosos trabajos empíricos calculan que un adolescente medio necesita nueve horas y cuarto de sueño diario. Algo que no suele ocurrir, porque hay multitud de actividades «interesantes» al caer la noche, en especial, objetos que alimentan el insomnio: las pantallas. Aunque este contenido lo trabajaremos en profundidad en el último capítulo de este libro, no quiero dejar de señalar algunos puntos importantes sobre la relación entre adolescencia, pantallas y sueño.

Mayoritariamente, los objetos tecnológicos que utilizan nuestros menores tienen luz led. En un estudio realizado en 2012 por el Centro de Investigación sobre la Luz en Nueva York, se observó que bastan dos horas de exposición a una pantalla retroiluminada con luz led para que la melatonina se suprima en torno al 22 por ciento.

Dormir no solo sirve para que el cuerpo se relaje y se recupere después de un día de actividad. Es un momento en el que se consolidan los recuerdos y se procesa la información aprendida durante el día. Más que nunca, irse a la cama debe ser una rutina que respeten sin excusas. El hábito demostrado más eficaz es: ducha, cena, lavado de dientes y libro (no he dicho teléfono, que quedará en nuestro poder cada noche). De esto hablaremos más adelante.

HORMONAS, CEREBRO Y ADOLESCENCIA

Hasta hace bien poco, se responsabilizaba a las hormonas de las reacciones desbordadas y los comportamientos irracionales de los adolescentes. Es cierto que el nivel hormonal es más elevado en esta etapa. Sin embargo —y como vengo afirmando a lo largo de todo este capítulo— hoy sabemos que el principal responsable de los cambios de humor y las «locuras» durante la adolescencia es el cerebro en desarrollo.

No obstante, me gustaría comentar algunos temas relevantes en relación con las hormonas durante la adolescencia.

Los estudios muestran que la búsqueda de gratificación está en la base de la impulsividad de los adolescentes. Este impulso de buscar recompensas está situado en lo más profundo del cerebro: el núcleo accumbens, una zona muy dinámica que activa las conductas de búsqueda de placer.

¿Qué hace el cerebro para buscar placer? Segregar dopamina. **La corteza prefrontal del adolescente tiene una necesidad extrema de dopamina, de ahí que busque emociones intensas y refuerzos inmediatos** que, a veces, pueden dar lugar a pequeños o grandes sustos (accidentes con el monopatín, discusiones acaloradas, embarazos no deseados, etcétera).

La dopamina, además de favorecer que busquen emociones fuertes, está muy relacionada con el amor. Hay cientos de trabajos empíricos con pruebas de neuroimagen que han estudiado qué sucede en el cerebro cuando nos enamoramos. Y lo que han visto es que cuando te enamoras de alguien se libera dopamina, relacionada con la adicción (igual que si tomas drogas). Y cuando te desenamoras o te separas para irte a casa, tienes síndrome de abstinencia. Esto te lo cuento para que entiendas por qué tu hijo o hija adolescente, cuando está enamorado y llega a casa, y hace dos minutos que se ha separado de su pareja, siente una necesidad imperiosa de llamarla por teléfono. Y es que la dopamina crea dependencia.

Igualmente, está muy implicada en la atención (como veremos en el capítulo 4), en la capacidad de resolver problemas, en las sensaciones de motivación, recompensa y placer, en la búsqueda de novedades y en el optimismo.

Otra neurohormona muy importante durante esta etapa es la oxitocina, que, como sabemos, se segrega en grandes cantidades cuando una mujer da a luz. Favorece el amor y la unión entre madre e hijo. **En la adolescencia, la oxitocina se segrega en altas dosis. Por tanto, habrá mucho amor, pero no por la madre,**

sino por los iguales. La presión del grupo es tan importante que los motiva a hacer cosas que no quieren con tal de pertenecer a su comunidad. Su comportamiento va a ser, por tanto, muy cambiante en función de dónde y con quién estén. Se crecerán cuando están con sus colegas y se inhibirán en presencia de adultos, sobre todo, de la madre y del padre.

Un interesante estudio[3] llevado a cabo en Estados Unidos proponía a los adolescentes participar en un videojuego en el que simulaban «conducir por la ciudad» de una manera responsable. Se comprobó que, cuando jugaban solos o con los padres, conducían de una manera bastante prudente. En cambio, cuando jugaban en presencia de sus amigos, asumían el doble de riesgos y eran mucho más impulsivos.

Se ha podido comprobar que una disminución de oxitocina produce sensación de soledad y mayor predisposición a responder de forma exagerada ante situaciones sociales negativas. Es importante que los adolescentes se relacionen con sus iguales y realicen actividades juntos, sin embargo, es igualmente importante que supervisemos el tipo de compañía con la que se relacionan y las actividades que realizan. Aún no tienen suficiente madurez para decir «no» en situaciones de riesgo ni para tomar decisiones concretas o para separarse del grupo si fuera necesario.

Todo esto quiere decir que, tras los dos o tres primeros años de vida, la adolescencia es el momento en el que más nos van a necesitar. Nuestra presencia es esencial para que alcancen su plenitud personal y conozcan qué pueden y qué no pueden hacer. El tipo de implicación de la madre y del padre será crucial para su futuro. Los adolescentes tienen que practicar mucho para aprender, pero tienen que hacerlo con nosotros, con nuestra supervisión y nuestras palabras.

LA COMUNICACIÓN DURANTE LA ADOLESCENCIA

No hay una conversación con una madre o un padre de adolescentes que no insista en que su hijo o hija habla poco o nada, que suele estar de mal humor, tiene «un pavazo», está hipersensible o va a su bola. Es un hecho que durante esta etapa la comunicación se tambalea, se vuelven reservados, celosos de su intimidad, hablan con monosílabos y repiten una y otra vez «tú no me entiendes».

Quizá sea verdad que los adolescentes hablan poco y que es difícil comunicarse con ellos. Sin embargo, **puede que nosotros no se lo pongamos todo lo fácil que debiéramos, reaccionemos de forma brusca a sus montañas rusas emocionales, escuchemos poco y mal, interpretemos y juzguemos demasiado, nos falte comprensión y busquemos información sin más, en vez de una comunicación bidireccional.**

Por eso, antes de seguir, quiero pedirte que respondas sinceramente las siguientes preguntas:

- ¿Sabes qué le interesa a tu adolescente?
- ¿Hablas con él o ella de esos temas?

- ¿Le cuentas tus cosas, tus problemas, le haces partícipe de tu vida, le pides su opinión?
- ¿Pones el grito en el cielo cada vez que te cuenta algo?
- ¿Estás todo el día dándole consejos, prohibiéndole cosas o amenazándole?
- ¿Diriges su vida sin dejarle reflexionar?
- ¿Estás constantemente con un enfado monumental encima?
- ¿Criticas sus preferencias musicales, de vestimenta, etcétera?
- ¿Juzgas lo que no te gusta?

Juzgar las preferencias y los intereses de tu adolescente o estar constantemente opinando sobre ellas no será de mucha utilidad para mejorar la comunicación en casa. Por muy distintos a los tuyos que sean o por muy extraños que te parezcan, forman parte del proceso de búsqueda de su identidad personal. A no ser que pudieran perjudicar su equilibrio emocional, psicológico, físico o intelectual, la convivencia dentro y fuera de casa o su seguridad, deberías dejarlos aparcados para evitar discusiones innecesarias y no romper los lazos existentes (más o menos estrechos) entre ambos.

Supón que a tu hijo le encantan las películas distópicas. Sin embargo, a ti te horrorizan. No es razón para que estés constantemente criticando que vea una en su tiempo libre. Otra cosa muy distinta es que, durante ese tiempo, se ponga habitualmente una película porno.

Aunque no te apetezca, debes ponerte al día en aquellos asuntos que interesan a tu hija o hijo adolescente y esforzarte en adoptar un lenguaje empático hacia él o ella.

Para que haya vínculo comunicativo con un adolescente, debemos poner en práctica algunas estrategias que se ha comprobado que funcionan muy bien.

Agendar encuentros donde podáis hablar

Es un hecho que un adolescente está poco predispuesto a charlar con su madre o su padre. Es difícil, por tanto, que surjan momentos naturales de diálogo. Esto quiere decir que no nos quedará otra que **establecer momentos de encuentro.** Sí, tendremos que decidir unilateralmente (o acordándolo con ellos, si es posible) cuándo vamos a estar juntos. Por ejemplo, «todas las comidas y cenas que se hagan en casa se realizarán sentados juntos, sin aparatos tecnológicos y sin televisión», «nadie comerá en su dormitorio o separado de la familia»; «un día en semana saldremos todos a pasear, hacer un deporte, montar en bici», etcétera.

Los adolescentes suelen hacer excepciones a sus «mutismos». Cuando quieren que compartas con ellos sus «fantásticas ideas extraterrestres». Aunque te parezcan estúpidas, esfuérzate y escucha de forma activa lo que te quieren contar. Si es un momento inapropiado o te mueres de cansancio, intenta darle su tiempo. Si no es peligroso, respétalo. Si es peligroso, hazle razonar e implícate.

Escuchar de forma activa

La escucha activa requiere especial atención y entrenamiento. Exige que tu postura corporal haga ver que estás presente y receptivo y una complicidad total. Te dejo algunas claves para que las pongas en práctica:

- Deja lo que estés haciendo.
- No mires ni el móvil, ni la televisión, ni nada.
- Mira fijamente a los ojos de tu interlocutor.
- Demuestra que estás atendiendo.
- Retroalimenta constantemente la conversación con palabras como *sí*, *ajá*, *ahhh*, *vale*...
- Demuestra empatía.
- Mantente en silencio.
- No interrumpas.

En comidas, cenas y paseos, **habla de temas superficiales,** esto es, asuntos donde no se tengan que implicar ni «mojar» (música, deportes, hobbies, moda, ocio, cotilleos...). Deja a un lado los temas profundos como horario, estudios, amigos, drogas o alcohol.

Si no sabes de qué hablar, **saca temas** que sepas que le van a llamar la atención. Por ejemplo, «me he encontrado a una señora en la calle que tenía tal problema y no he sabido cómo ayudarla». Ya estáis hablando, de eso se trata, de hablar de lo que sea. Seguro que le sacas algo.

Otra idea para cuando no sabes de qué hablar es **hacer preguntas abiertas.** Son aquellas en las que no se puede responder «sí» o «no». Por ejemplo: «¿Qué has hecho hoy?», «¿Cómo te sientes cuando...?», «¿Para qué...?», «¿Qué solución se te ocurre para...?», «¿Qué vas a hacer diferente la próxima vez para...?», «¿Qué te gusta/no te gusta de...?», «¿Qué necesitas...?», «¿Cómo te gustaría que fuera...?», «¿Qué es lo mejor que te ha pasado hoy?», «¿Qué has aprendido hoy?»...

Si tienes que hablar algo en profundidad, sé breve y directo, no te vayas por las ramas. Si lo haces, desconectará y dejará de escuchar.

Cuando quieras hablar sobre algún asunto importante y espinoso, **no avises para que no se escabulla o se invente que tiene que hacer algo urgente.** Busca cuidadosamente un buen momento y di: «Por favor, siéntate. Vamos a hablar».

No juzgues nada de lo que te cuente. Solo razona y dialoga

No olvides que **tienes que buscar a tu adolescente para hablar,** incluso fuera de los momentos de relación «agendados». No permitas que se aleje del todo. Aunque te cueste, sé amable, paciente y educado. Los estudios científicos demuestran que así se consigue con mayor facilidad que nos escuchen y hagan caso. Es más útil un «cariño, ¿puedes recoger la mesa?» que un «recoge la mesa antes de que te castigue»; un «te has pasado del tiempo de móvil, ¿qué tienes que hacer?» que un «dame el móvil, castigado».

LOS ADOLESCENTES NECESITAN DISCIPLINA, NORMAS Y LÍMITES

A nuestras hijas e hijos tenemos que empezar a educarlos durante la infancia. Y si lo hacemos así, cuando lleguen a la adolescencia tendrán mucho terreno ganado a la hora de aprender a regularse emocionalmente, respetar normas, no traspasar límites, aceptar un «no» o decírselo a quien se quiera propasar. Si un adolescente tiene una base sólida construida a base de seguridad, cercanía y cariño, tendrá más recursos que si carece de ella. Lo que no quiere decir que vaya a ser fácil, porque por mucho que nos hayamos implicado, las normas y los límites serán, con seguridad, el gran caballo de batalla.

Un adolescente que no ha «entrenado» lo suficiente, que ha aprendido de forma incorrecta ciertos hábitos durante la infancia, tendrá unos cimientos inestables para la siguiente etapa. Todo lo que aprenda después y esté relacionado, se anclará en una base vulnerable e insegura. Tenemos que evitar, por tanto, que a estas edades empiecen con conductas de riesgo (tabaco, alcohol, drogas, porno, videojuegos, etcétera).

Todas las experiencias vitales, especialmente durante la adolescencia, dejan una huella persistente en los circuitos neuronales, que son muy vulnerables, porque el cerebro se está reseteando. Una conexión neuronal hecha en la adolescencia se guarda siempre, aunque esté relacionada con un comportamiento negativo. El cerebro está programado para aprender, pero le cuesta muchísimo desaprender.

Más que nunca, has de razonar que las normas y los límites son importantes para su seguridad, bienestar y adaptación social. No lo entenderá, pero hazlo: «Hijo, no podemos pedir pizza todas las semanas porque no es saludable, hay tortilla de espinacas»; «Hija, no puedes chatear ahora con tus amigas, usar el móvil entre semana no es saludable para tu cerebro».

Los límites ayudan a construir la corteza frontal. Las neuronas de esta zona nos ayudan a tener autocontrol, realizar planes, organizar nuestros pensamientos y comportamientos, resolver problemas, corregir errores y tomar decisiones.

Cuando hablo de normas y límites, y más durante la adolescencia, no me refiero a ser inflexibles. Me refiero a ser firmes, y si es posible, flexibles cuando lo estimes oportuno. Si el sentido común te dice que la norma o el límite son indispensables para garantizar la seguridad física o emocional del adolescente o para la convivencia, no lo negocies. Se respeta y punto.

En numerosas ocasiones, la necesidad de poner normas nos pilla de sorpresa. No es fácil tenerlo todo controlado. Seguramente, irán apareciendo comportamientos que exigirán poner una norma o un límite nuevo. Cuando observes una conducta que no te gusta o que no creas adecuada, evita que se produzca la primera conexión negativa en su cerebro, marca la norma o el límite lo antes posible. No te demores. Así te evitarás tener que corregir quince veces una vez adquirido el hábito.

No pongas listas interminables de normas. Céntrate en las que estimes imprescindibles: «No puedes beber vino porque no tienes edad», «No puedes conducir una moto porque no tienes carnet», «No puedes ir a esa discoteca porque es de adultos», «No puedes dejar el instituto», «Nosotros decidimos dónde ir de vacaciones», «No puedes pegar a un compañero, aunque sí te debes defender», «No puedes quedarte con el móvil por las noches»...

Muchos adolescentes son persistentes en sus peticiones, seguramente lo volverán a intentar. Si para ti es fundamental, no cedas ni un milímetro, ese límite debe estar claro y presente en su cerebro en todo momento. Ponte de acuerdo con tu pareja o expareja. Hazle ver que las reglas son importantes para su desarrollo.

Reconozco que los adolescentes nos sacan de nuestras casillas en numerosas ocasiones, no obstante, **intenta mantener la calma y no gritar. Cuando lo haces, su cerebro se desconecta y no es capaz de escuchar. No te enredes en discusiones eternas, razona con seguridad, confianza, amor y cariño.** No amenaces ni actives las estructuras cerebrales del miedo. Hazle ver que **no es un ataque personal,** así vuestra relación no se resentirá.

Es tu responsabilidad proteger a tu adolescente. Por mucho que lo intentes, no siempre podrás establecer un consenso con él y tendrás que ser firme. Cuando esto ocurra, haz lo posible para implicar la parte reflexiva de su cerebro (la superior), en vez de su parte inferior o reptiliana, más reactiva. Si amenazas a un reptil, te atacará. **Si tu adolescente se siente sometido sin razones ni argumentos, si siente dolor o miedo en vez de amor, su cerebro primitivo asumirá el control.** Lo más sensato es dirigir la actividad a las regiones cerebrales más sofisticadas que ayudan a tomar decisiones saludables y controlar emociones.

La disciplina beneficia la activación del cerebro superior, lo que favorecerá que se convierta en una persona responsable que hace lo correcto. Sin embargo, es posible que en ocasiones provoque conflictos, quizá más que si dices a todo que sí, como ya vimos en el primer capítulo.

GESTIÓN DE CONFLICTOS DURANTE LA ADOLESCENCIA

Los conflictos con los adolescentes son inevitables, entre otras razones porque en esta etapa suceden dos grandes crisis. Una crisis de identidad, en la que dejan de ser una niña o un niño para ser un «boceto de adulto». Otra en la que afirmarán su yo y su personalidad eclosionará. Esta afirmación del yo se expresará en un desafío explícito a todo lo que la madre y el padre digan.

Según las investigaciones, los conflictos más habituales suelen estar relacionados con el desorden de su habitación y de la ropa, los deberes y notas, la hora de llegada, el tiempo de uso de tecnología y las peleas con los hermanos.

Ante un conflicto con un adolescente, de entrada y siempre que sea posible, debes negociar todo lo que sea importante. Además, negociando contigo aprenden a negociar con otros: pareja, amigos, compañeros, etcétera.

Con la negociación se consigue
más que con la imposición.

Una buena estrategia para gestionar conflictos con adolescentes, si es posible, es la siguiente: supón que no os ponéis de acuerdo con la hora de llegada los fines de semana. En primer lugar, coloca la piedra en su tejado y pregunta: «¿Qué hora propones?». El adolescente habla primero. Aunque te parezca descabellado su plan, negocia (y he dicho *negocia*, no *acepta*). Propón un plan como contrapartida para que se sienta en la obligación de aceptar. ¡Ya has ganado la partida! Te aseguro que tendrá más disposición que si rechazas todo lo que te propone. Y un dato importante: seguramente, no cumplirá la negociación del todo. Sin embargo, has conseguido más que si estableces un pulso.

Por ejemplo, tu hija te propone: «Los sábados quiero llegar a las cuatro de la madrugada, como mis amigas». Respondes: «¿A las cuatro de la madrugada? No puede ser, tu hora es la una». A continuación, negocia dentro de lo posible y cede en su justa medida. «Vale, a la una y media, con la condición de que yo te recojo al final de la calle».

La adolescencia es una etapa donde afirman su yo. ¿Y dónde afirman su yo? Delante de mamá y papá. Delante de las figuras de autoridad, con quienes se sienten seguros. Con quienes saben que hagan lo que hagan tienen el amor asegurado. ¿Y cómo afirman su yo? Desafiando todo lo que digan mamá y papá.

¿Qué podemos hacer para gestionar sus desafíos de forma eficaz?

En primer lugar, comunicarnos con el tono y las formas adecuadas. Cuando tenemos un conflicto, no siempre es fácil hablar de forma asertiva. Muchas madres y muchos padres adoptan una postura sumisa, no dicen nada. Temen empeorar la situación o que su adolescente se enfade mucho. Otras veces elevan la voz y contraatacan, aumentando la ansiedad de la situación. Sin embargo, lo ideal es mantener la calma y no mostrar agresividad. Sé que es difícil. Quizá te esté pidiendo mucho, pero es posible. Se puede ir consiguiendo con constancia, paciencia y esfuerzo.

No te digo que estés como unas castañuelas. Es lícito mostrar malestar y un gesto serio. Es lícito decir lo que piensas, pero hay que hacerlo sin gritos ni agresividad. Si el ambiente está caldeado, si no te encuentras fuerte, lo mejor es decir «luego hablamos» y esperar a que se pase el enfado. Más adelante, cuando estéis mejor, llama a su puerta y siéntate a hablar.

Dile que no vas a tolerar faltas de respeto. Pregunta por lo sucedido. Pídele que te explique. Intenta que hable siempre primero. Escucha sin interrumpir, de forma atenta. Cuando acabe de hablar, empieza tú. Describe la situación. Explica lo que piensas y lo que sientes de forma clara. Si lo ves oportuno, negocia. Si no, sé firme con la consecuencia que le vas a poner.

Hablar de forma impersonal con un adolescente funciona muy bien. Numerosas investigaciones en neurolingüística señalan que, a la hora de gestionar conflictos, utilizar esta vía resulta menos agresivo. Piensa en la diferencia entre «¡te he dicho que dejes el móvil ya, leche!» y «son las cinco, hora de dejar el móvil. Por favor, apágalo» (entonces esperas a que lo apague y lo deje en el sitio pactado).

Dar explicaciones cortas mirando a los ojos es otra fórmula muy útil con chicas y chicos de estas edades. Veamos un ejemplo. Indicas a tu hijo: «La cocina se ha quedado sucia después de la merienda» (no se mueve del sofá). Te colocas delante y le preguntas: «¿Me has escuchado? ¿Qué te acabo de decir?». Esperas una respuesta. Si no se levanta, pon la consecuencia que le dijiste que habría si dejaba la cocina sucia. Di exactamente lo que quieres que haga, no te vayas por las ramas. Si dices: «Por favor, llevo todo el día trabajando, no me hagas enfadar», no queda claro lo que quieres ni pareces convincente. Mejor habla con claridad, firmeza, de forma respetuosa y sin herir al adolescente.

¿Quieres más ejemplos para no irte por las ramas? «Vístete y ven a desayunar», «Recoge tu dormitorio antes de la cena y dúchate», «Sal y vuelve a cerrar la puerta sin dar un portazo», «Apaga la televisión, ha acabado tu tiempo de tele», «La cocina sigue sucia».

Utiliza lo menos posible la palabra *ahora*. En la adolescencia, chicas y chicos están aletargados, van a cámara lenta. Por eso es tan importante darles tiempo. Si dices *ahora*, activas el desafío. Es mejor usar *antes de…*: «Antes de la cena, tienes que recoger tu cuarto».

Otra idea es **avisar un rato antes.** Por ejemplo: «Dentro de cinco minutos ven a cenar», «Dentro de quince minutos te recojo en casa de María».

La técnica del sándwich funciona muy bien durante la adolescencia (consulta la página 70).

En resumen, no olvides que jamás debes usar la violencia, no debes pegar (ni un cachete), ni zarandear, ni insultar, ni amenazar, ni avergonzar, ni decir que dejarás de quererlo si no respeta las normas, tiene un comportamiento inadecuado, responde mal o falta al respeto por la frustración que siente.

No es fácil gestionar la frustración cuando «quien más te quiere te corta las alas» (es la frase textual de un adolescente con el que trabajé hace unos meses). A su edad, les cuesta trabajo entenderlo; sin embargo, tienen que aprender poco a poco, sobre todo con nuestro ejemplo.

La frustración durante la adolescencia

Tanto durante la infancia como en la adolescencia, tenemos que enseñar a nuestras hijas e hijos a frustrarse. Así de claro. Es necesario, a la vez que positivo. Veo a diario adolescentes que no saben gestionar la frustración porque nadie les ha enseñado que tienen que aceptar un «no». La vida no es idílica, no es perfecta, la vida tiene contratiempos y las cosas no siempre salen como nos gustaría.

Las personas frustradas pueden reaccionar con ira, ansiedad, depresión, desmotivación o chantaje emocional —muy típico durante la adolescencia—. De ahí la importancia de que, desde la infancia, con nuestra ayuda y en la seguridad del hogar, aprendan a surfearla.

No pueden tenerlo todo en el minuto uno, no pueden hacer lo que les viene en gana, no pueden saltarse las normas, no van a tener cuerpos y vidas como los de las *influencers* que siguen en las redes sociales, no siempre lo que les ocurra va a ser justo. La vida es así de dura. Deben entrenar en casa cómo manejar su malestar, desde pequeños, gradualmente, con pequeños «noes» cuando va tocando. **Aprendemos a gestionar la frustración frustrándonos. Y no aprendemos solos, nos tienen que ayudar y enseñar:** «Mira, hijo, lo siento, pero no puedes irte el fin de semana a casa de tu amigo porque la semana que viene tienes los exámenes. Puedes salir un rato el sábado, pero todo el fin de semana, no». «Lo siento, hija, no te puedo comprar un iPhone 15 porque es muy caro. Cuando llegue el momento de comprarte un móvil, ya veremos cuál es el más adecuado a tu edad».

Quiero ser honesta. Educar «de forma modélica» desde la infancia no asegura que todo vaya a ir sobre ruedas. Te aseguro que tu hija o hijo se saltará las normas, traspasará los límites, no obedecerá cuando debe, se enfadará cuando le parezca injusta una de tus reglas de convivencia y te responderá de forma incorrecta cuando le digas que no. Lo normal es que esto ocurra. Lo anormal sería que jamás sacara los pies del plato. Tiene que reafirmar su yo y para hacerlo necesita plantarte cara.

¿Qué hacer en esa situación? Lo hablamos en el capítulo anterior en relación con todos los menores en general. Ahora, voy a centrarme concretamente en los adolescentes.

Los castigos durante la adolescencia

Ya sabemos que castigar no es buena idea. Cuando castigamos a un adolescente estamos poniendo en práctica un método punitivo para corregir. Estamos forzándole a que se porte bien a base de hacerle sentir mal.

Numerosas investigaciones han mostrado que los castigos (físicos, o la retirada de atención, los gritos, los mensajes negativos) introducen sentimientos negativos como la frustración, la indefensión, el sometimiento o la culpa. Imagina estas emociones en el cerebro inmaduro, inestable, inseguro y en «obras» de un adolescente.

Un castigo hace que el adolescente se sienta agredido. Quizá obedezca a corto plazo, pero te aseguro que a la larga serán inservibles porque no han proporcionado una motivación intrínseca, esa que sale de dentro, que es la que nos interesa potenciar en nuestros adolescentes.

No sirve de mucho que piense «No voy a ver ahora el vídeo de la violación en manada porque, si entran, me van a pillar; cuando no estén mis padres lo busco». Lo positivo es que sea responsable y no lo vea porque sabe y está convencido de que está mal hacerlo (motivación intrínseca), y no porque tema que lo castiguen.

Se ha demostrado que **una educación no razonada, no razonable y a base de castigos origina en los menores sensación de indefensión y falta de protección.** Algo que favorece que se alteren las conexiones neuronales de las zonas del cerebro donde se generan y se gestionan las emociones y el pensamiento reflexivo. Estas alteraciones favorecen una mayor inseguridad y rebeldía cuando llegan a la adolescencia. También hacen que disminuya la autoestima y se incrementen la ansiedad y la impulsividad.

Nuestro objetivo debe ser generar consecuencias a sus actos que no resulten dañinas, pero tampoco apetecibles. Como ya hemos visto, hay alternativas más correctas, respetuosas y eficaces a los castigos que podemos aplicar con sensibilidad y proporcionalidad: las consecuencias.

Las consecuencias en la adolescencia

La diferencia fundamental entre el castigo y la consecuencia radica en el momento en que se comunica el efecto concreto que tendrá el incumplimiento de la norma. Si se comunica antes del comportamiento negativo, la pelota estará colocada en el tejado del adolescente. Será su responsabilidad traspasar o no el límite, y en el caso de que lo traspase, asumir la consecuencia de su decisión.

Por tanto, cuándo se comunica (antes o después) marca la diferencia entre consecuencia (actuación educativa y reparadora) y castigo (actuación punitiva y sancionadora). Quizá esta sea una de las razones por la que las consecuencias son más efectivas que los castigos.

¡RECUERDA!

Una consecuencia durante la adolescencia debe tener en cuenta cinco criterios (las cinco erres): debe estar relacionada, ser razonable, razonada, revelada y sin reproche (consulta las páginas 67 y 68). Aunque también es verdad que en la adolescencia las debemos «revisar» si vemos que su maduración lo «permite».

ALGUNOS EJEMPLOS DE CONSECUENCIAS

Horario de llegada

Imagina que tu hijo se ha retrasado dos días en su hora de llegada a casa. En cada ocasión, te ha dado una explicación poco creíble. Has decidido que se acabó. En vez de decir: «Si no llegas a las diez, me presento en la plaza y te recojo», es mejor pronunciar con un tono tranquilo: «A partir de ahora, cuando no llegues a la hora pactada, como yo lo paso muy mal y corres peligro, voy a la plaza a recogerte».

Convivencia en el hogar

Supón que tu hija se retrasa cada día a la hora de cenar después de haberla llamado (y no estaba estudiando). Mientras, todos la esperáis sentados. Le explicarás que, por cada día que se retrase, tendrá que ayudarte dos días a hacer la cena. Por supuesto, el móvil se quedará en tu poder, se ponga como se ponga. Si vuelve a repetir el comportamiento, se repetirá la consecuencia durante más días; así hasta que se extinga la acción.

Deberes

Establece una consecuencia clara: «Cuando llega la hora de acostarse y no tienes hechos los deberes, te levantarás temprano a la mañana siguiente para terminarlos».

Ropa y orden

Siguiendo la norma de las «cinco erres», puedes emplear este tipo de consecuencias: «La ropa sucia que no esté en el cesto no se lava»; «Si no ordenas tu habitación, guardo en el garaje todo lo desordenado».

Malos modos con la madre o con el padre

Muestra tristeza y sé menos receptivo a sus peticiones.

Higiene personal

«Yo sé que no te apetece ducharte. Sin embargo, tienes que hacerlo por una cuestión de salud. Como comentamos ayer, me voy a quedar en el baño hasta que entres en la bañera y vea que te estás lavando el pelo. El fin de semana o mañana, todo el tiempo que tenga que estar hoy aquí lo quitamos de tal actividad (selecciona una que le guste mucho)».

Absentismo escolar

Si nos informan de que nuestra hija o nuestro hijo está faltando a clase, le diremos que hemos perdido la confianza en él, y por eso vamos a llevarle todos los días al centro educativo. En estos casos, presta atención: **el absentismo probablemente es un síntoma, no el problema principal**, seguramente habrá alguna razón de fondo; te recomiendo analizar qué puede estar ocurriendo.

Tecnología

Una posible opción sería: «Como hemos anotado en nuestro pacto, cuando coges el móvil fuera de horario te quedas dos días sin poder usarlo».

Y, por supuesto, no ofrecer premios

Si respetan las normas o cumplen con sus obligaciones, no merecen un premio. Otra cosa muy distinta es reforzar positivamente, con frases como «me siento orgullosa de lo que te has esforzado esta evaluación, supongo que tú también debes de sentir orgullo».

LOS VALORES

Otro asunto relevante durante la adolescencia son los valores. Si hay un momento en el que se tambalean es a lo largo de esta etapa.

Madre y padre enseñan muchos de los elementos que conforman la cultura en la que viven sus hijos a través de los hábitos de la vida cotidiana. De todas estas enseñanzas, quizá la más importante tiene que ver con ser personas maduras e íntegras. De ahí la necesidad de ser coherentes y congruentes con lo que pensamos, decimos y hacemos.

Los valores orientan nuestras acciones y moldean nuestros sentimientos para ir concretando lo que somos, cómo tratamos a los demás y cómo permitimos que nos traten.

La educación en valores debe empezar en la infancia para que durante la adolescencia tengan unos buenos cimientos don de anclarse. Comienza enseñando a decir «sí» y «no». Continúa enseñando algo tan sencillo como saludar, despedirse, decir «por favor» y «gracias»... Al principio, niñas y niños imitan el comportamiento de sus adultos de referencia (motivación extrínseca). A medida que crecen y repiten los hábitos familiares, se inicia el proceso de hacer lo que «deben» porque lo creen oportuno (motivación intrínseca).

Ahora se lleva mucho hacer lo que nos viene en gana, «porque yo lo valgo», como dice el anuncio, pero no, no todo vale. Somos seres racionales con valores y no podemos actuar así. No podemos traspasar ciertos límites ni invadir un espacio que no nos corresponde. Ni yo, ni tú.

Cuando llegue a la adolescencia de lleno, quizá haya cierta desorganización en la vida de tu hija o hijo, algún desorden emocional, momentos de impulsividad, pulsiones sexuales... Todos, ellos y tú, tenéis que trabajar duro para que vaya interiorizando patrones de comportamiento que lo ayuden a vivir en sociedad de forma plena. Va a necesitar referentes: madre, padre, abuelos, profesorado... Tenemos que dar ejemplo: nuestros adolescentes aprenden más de lo que hacemos que de lo que decimos. Por eso debemos autocontrolarnos y, a la vez, frenarlos de forma asertiva.

El adolescente está pendiente de cualquier expresión de amor o rechazo de su madre y su padre. Por eso lo que se aprende en la primera infancia deja una huella profunda para toda la vida. Unas veces, la madre o el padre transmiten principios que serán útiles. Otras, sembrarán errores difíciles de superar. Los estudios son muy claros. **La mayoría de los menores acosadores y violentos han crecido en ambientes con violencia, sin respeto ni valores.**

Observo a madres y padres que sobreprotegen en exceso, transmitiendo el mensaje de «no tienes que respetar las normas, yo me ocupo de las consecuencias», «no te preocupes, yo te hago el resumen del libro», «sigue jugando al videojuego, tienes derecho a divertirte» (estas frases son reales; las he extraído de mi cuaderno de trabajo). El esfuerzo, el respeto, la disciplina, la organización, los horarios, el orden, el autocontrol, la fuerza de voluntad... son valores indispensables (que deben aprender en casa) para el desarrollo de un cerebro sano.

Quizá hayas oído hablar de una investigación muy interesante: el experimento de las nubes de azúcar o *marshmallows*. Por si no ha sido así, te lo cuento. En la década de 1970, el psicólogo Walter Mischel seleccionó a un grupo de niñas y niños de cuatro a seis años y les propuso el siguiente reto: «Te voy a poner delante una nube de azúcar, si eres capaz de esperar quince minutos sin comértela, te doy como premio una segunda nube».[4]

El mensaje era claro: «Si eres capaz de tolerar la frustración y esperar, tendrás una recompensa mayor. Si no, tendrás que conformarte con una recompensa inmediata, pero menor». Algunos menores no esperaron y se comieron la golosina. Otros esperaron para poder obtener dos. Lo que más me gusta de esta investigación es que a estos menores se les hizo un estudio longitudinal durante treinta años.

Cuando estaban en la adolescencia, los citaron y les pasaron una serie de pruebas. Observaron que los que habían esperado para comerse la golosina fueron los que obtuvieron mejores notas académicas y mejores puntuaciones en los exámenes de acceso a la universidad, así como mayor autoestima, competencia social y seguridad en sí mismos, e incluso menos tasas de trastornos.

Años después, cuando eran adultos, volvieron a hacerles pruebas y observaron que los que habían esperado tenían carreras profesionales más valoradas y mejor remuneradas, menos índice delictivo, menor sobrepeso, menor propensión a tomar drogas y se divorciaban menos.

La educación en valores tiene grandes beneficios a largo plazo, aunque a veces se complique con los adolescentes. No obstante, mantendremos con firmeza las normas claras, razonaremos en cada situación, intentaremos consensuar todo lo posible y le ayudaremos a autorregular su conducta y formar hábitos para toda su vida en función de los valores familiares, primero, y de los suyos propios, después.

Amor, disciplina y firmeza

Los años en los que transcurre la adolescencia, toda la familia gasta mucha energía. Cuando son pequeños, nuestros pequeños son comestibles: les damos besos, abrazos, los tocamos mucho. Pero cuando llega la adolescencia, damos un parón porque ellos nos empujan. Se comportan como puercoespines y nos dan quebraderos de cabeza. Por ello, más que nunca, necesitan nuestra supervisión, nuestra presencia, nuestros razonamientos, nuestros noes y nuestro amor.

Veo a demasiados adolescentes muy solos. Los dejamos más tiempo del debido solos en casa. Sin embargo, todavía tenemos una misión: entrenarlos para su nueva vida y sacar de ellos todas sus cualidades y capacidades para que las desarrollen. Tu hija o tu hijo te harán cosas que no te gustan, que te parecen injustas o te hacen sufrir (incluso cuando son más mayores), pero los sigues queriendo. Seguramente te enfadarás y te pondrás triste, pero les seguirás queriendo.

El desarrollo emocional y cognitivo de un menor exige disciplina, normas, límites, amor, firmeza, paciencia y, cuando lo estimemos oportuno, autoridad.

Recuerdo una vez que mi hija adolescente me dijo que yo le estaba «amargando la vida». ¿Sabes qué pensé? «Lo estoy haciendo bien». Nunca temas «amargar la vida» (siempre desde el sentido común) a tu hija o hijo. Si los amas, debes educarlos para que se conviertan en adultos maduros y saludables.

Un adolescente «amargado» se va a enfadar porque frenas su «libertad», pero es la única forma de aprender a caminar con seguridad. Si se enfada, que se enfade.

Convivir con un adolescente no es fácil. Tienen tal tsunami cerebral que son capaces de alterarlo todo, incluso a la familia al completo. Por eso siempre repito que la mejor estrategia para sobrellevarlo «bien» es prepararse.

Ya sabes qué le pasa a su cerebro, no vayas de frente, surfea la ola siempre que sea posible. Cuando no lo sea, sé firme sin desviarte de tu decisión. Los adolescentes son provocadores y agotadores. Son inmaduros y tienen un sentido de la privacidad e intimidad elevado. Quieren hacer su vida al margen de la familia, porque ya «no nos necesitan». Sin embargo, no debes permitirlo del todo.

Es decir, no permitas que se encierre en su dormitorio de forma inexpugnable, busca momentos de comunicación y convivencia en familia, ten en cuenta su opinión (todas las veces que sea posible), respeta su necesidad de soledad y no digas cosas que no vas a cumplir (por ejemplo, «vas a estar un mes sin móvil» si sabes que a los diez días se lo vas a dar).

La vida te da veinticinco años (tiempo aproximado hasta que su cerebro está totalmente maduro) para dotarles de capacidades para que cuando sean adultos sepan manejarse solos. Una vez llegada esa edad, debes colocarte unos años entre bambalinas, sin que se te vea mucho. A partir de los treinta, supuestamente ya lo has preparado para la vida y puedes cogerte vacaciones. Puedes dar tu opinión y razonar de forma sucinta, porque eres una figura de referencia (no un colega), pero no olvides que «te has retirado».

Resumiéndolo mucho, tu función durante la adolescencia es proporcionarle ALAS. Este acrónimo representa muy bien todo lo que he querido transmitirte en este capítulo:

- **Atención:** estar pendientes para prestarles nuestra corteza prefrontal cuando la necesiten, ya que la suya está en obras.
- **Límites:** marcarles normas y disciplina.
- **Amor:** mostrar paciencia, conexión y comunicación.
- **Seguridad:** a través de nuestra supervisión, presencia y compañía.

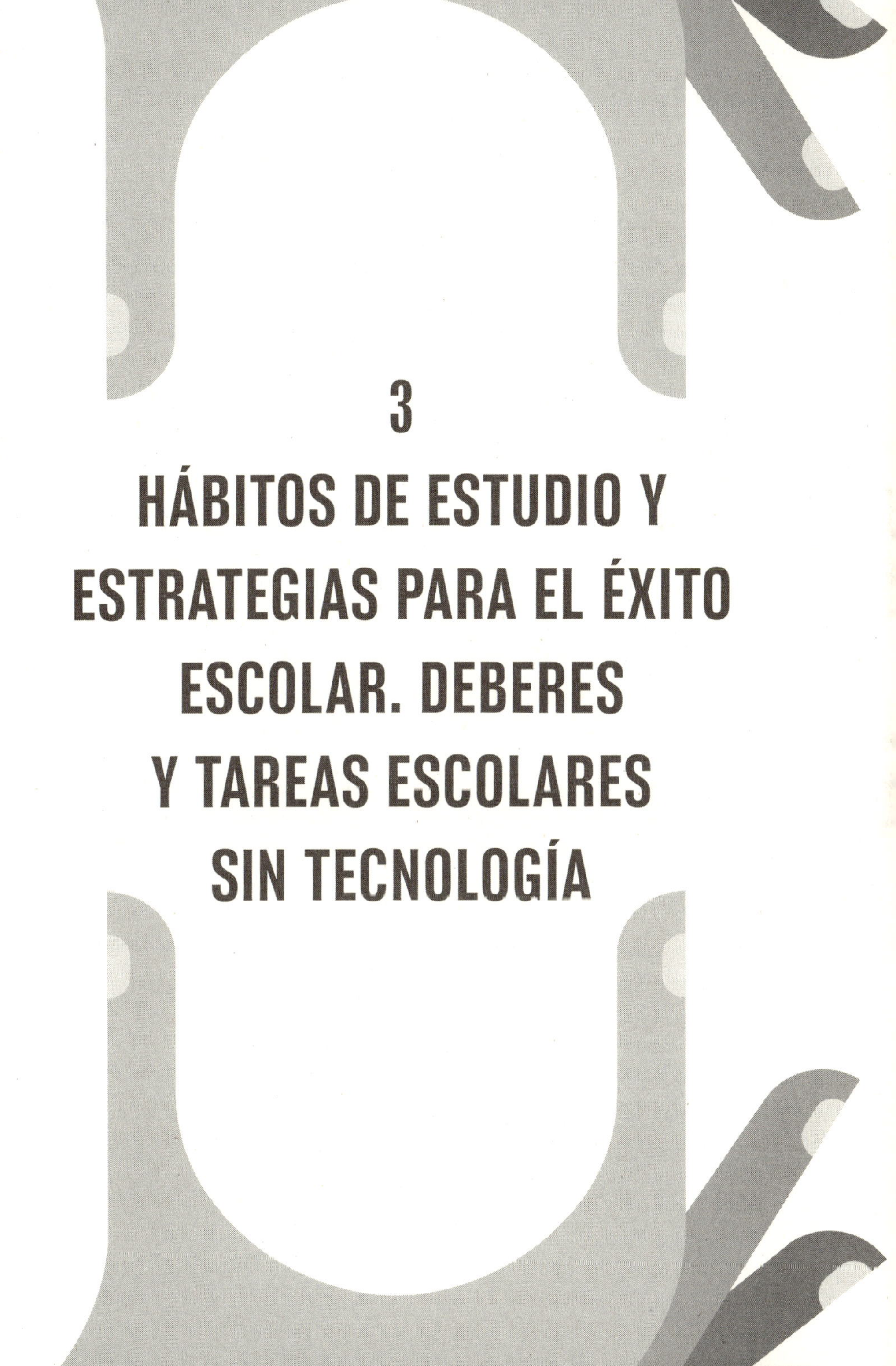

3
HÁBITOS DE ESTUDIO Y ESTRATEGIAS PARA EL ÉXITO ESCOLAR. DEBERES Y TAREAS ESCOLARES SIN TECNOLOGÍA

UN DÍA CUALQUIERA AL LLEGAR A CASA

Para Paula, llegar a casa después de recoger a su hija del colegio y su hijo del instituto supone un verdadero tormento. Un día tras otro, tiene que enfrentarse al temido momento de hacer los deberes. Cuando llega la hora, tanto una como otro están viendo la tele o jugando con el móvil. Entonces, con la mejor sonrisa, pide que apaguen la tele o dejen el teléfono y se pongan a estudiar. Nadie responde, parece que habla con la pared. Lo repite. Sin embargo, sigue sin haber respuesta.

Por mucho que se esfuerce, Paula se termina alterando y más veces de las que quisiera remata su intento de que todo transcurra de forma tranquila dando un par de voces. Coge el mando, apaga la tele o les quita el móvil. «¡A estudiar he dicho!».

Pero aquí no acaba la cosa. Nadie se pone a estudiar. Unas veces se enfadan, otras piden un ratito más, y la mayoría empiezan a dar vueltas: van a la nevera, después al baño, se ponen a jugar con el perro o se asoman a la ventana. Entonces, Paula mira el reloj, «es ya tardísimo, mañana no habrá quien os levante».

Da otro par de gritos, los arrastra a su dormitorio y se coloca a su lado como una policía. Unos días vigila, otros los ayuda, y otros, cuando ve lo que falta y lo tarde que es, se pone ella a terminar lo que les queda de deberes para el día siguiente.

En ese momento, empiezan las típicas conversaciones de WhatsApp con las otras madres: «¿Qué te sale en la multiplicación del segundo ejercicio de matemáticas?», «¿Esa palabra es complemento directo o indirecto?», «¿Cómo se escribe esto en inglés?» (sí, no te extrañes: son frases reales de mi cuaderno de campo).

Y así cada día de la semana, todos los meses del curso escolar. Estarás conmigo en que esto no debería ser así. Una cosa es una ayuda puntual, y otra, la condena de tener que estar toda la tarde pendiente si queremos que cumplan con su obligación.

Hace años estaba de «visitante» en una universidad de España. Colaboraba en una investigación sobre «cómo influye el entorno familiar en el rendimiento escolar». Estando con una compañera de departamento, llamaron a la puerta. Un estudiante quería ver su examen porque no estaba de acuerdo con la nota que le habían puesto. Mi compañera le dijo que entrara y entró, pero acompañado por su madre. «No es el único caso —me comentó la profesora cuando se fueron—, cada vez hay más estudiantes universitarios que vienen con su madre o con su padre». Meses después, cuando tuve mi propio alumnado universitario, comprobé que así era.

La falta de autonomía desde la infancia es algo que perjudica durante toda su vida a nuestros menores. Chicas y chicos con miedo a equivocarse, que esperan que alguien esté ahí para resolverles sus problemas. Chicas y chicos sin recursos, sin hábitos de estudio, sin iniciativa propia, sin motivación intrínseca, sin responsabilidad ni autonomía, que no saben cómo desenvolverse ante una situación corriente.

El rendimiento escolar de nuestras criaturas es una de nuestras principales preocupaciones. Nos encantaría que tuviesen buenos resultados académicos, que se pusieran a trabajar cada día de forma autónoma, sin gritos ni castigos, y que tuvieran un futuro profesional prometedor. Sin embargo, no siempre es así. ¿Por qué? ¿Qué podemos hacer en casa? ¿Cuál es nuestro papel?

No es por presumir, pero tanto mi hija como mi hijo han tenido una magnífica trayectoria escolar y nunca me he sentado con ellos a hacer sus trabajos, ni siquiera los de manualidades. Recuerdo cuando al final de trimestre tenían que llevar sus deberes de plástica y en la puerta del colegio aparecían algunos compañeros con verdaderas obras de arte, evidentemente, hechas por su madre o padre. Era imposible que aquellas maravillas hubieran sido realizadas por niñas y niños tan pequeños.

Me pregunto por qué y para qué hace una madre o un padre los trabajos escolares de sus hijos. ¿Quieren que sean los mejores de la clase? ¿Buscan que saquen las mejores notas? ¿Los consideran incapaces? ¿Desconfían de ellos? ¿Piensan que es su responsabilidad? ¿O quizá es una forma de evitar conflictos en casa cada tarde? La última respuesta es la que más se repite según la literatura científica consultada y las notas de mi cuaderno de campo: «Así acabo antes, Carmen»; «Si lo hago yo, me evito una bronca cada día».

No debemos seguir actuando así. No podemos «jugar por ellos». No es buena idea vivir su vida. **Nuestras hijas e hijos tienen que experimentar lo que les toca.** Si seguimos sobreprotegiendo a nuestras criaturas, lo que vamos a conseguir es que no asuman sus responsabilidades porque «ya lo harán mamá o papá». Posiblemente tengan miedo de hacer cosas solos por temor a equivocarse o pongan la atención donde no corresponde porque sienten que sus espaldas están cubiertas. De verdad, tu hija y tu hijo tienen que hacer las cosas por sí mismos. ¿No saben? Pues, si no saben, tendremos que enseñarles, y cuanto antes empecemos, mejor.

El aprendizaje se basa en el **principio del andamiaje o escalera.** Es progresivo, es decir, cada aprendizaje requiere asimilar los contenidos anteriores, que funcionan a modo de «peldaños». Por ello, es importante respetar la secuenciación de los aprendizajes y adecuarse a la madurez y al ritmo de cada menor. Si empezamos en Primaria progresivamente, todo será más fácil. Así, cuando lleguen a Secundaria, esos años donde todo se tambalea, tendrán tan interiorizado el proceso que con toda seguridad (y aunque bajen el ritmo un poco) seguirán trabajando como siempre.

El estudio y el trabajo diarios son su responsabilidad. Estudiar implica que se tendrán que esforzar y tener voluntad, dedicación, constancia, disciplina y tolerancia a la frustración. **Está demostrado que los buenos hábitos de estudio mejoran el proceso de aprendizaje. Por esta razón, te tienes que implicar. Tu labor es insustituible, sobre todo durante la primera y segunda infancia (de los tres a los doce años)**, que es cuando se sientan las bases de la adolescencia.

Solo tú podrás ayudarlo a valorar el aprendizaje, ser responsable, tener hábitos de estudio, optimizar su tiempo... Solo tú serás capaz de procurar un buen ambiente, estabilidad emocional, supervisión y cariño mientras estudia.

Sé que te falta tiempo. Entiendo tu miedo. Sin embargo, es absolutamente necesario que ayudes a tu hija o hijo a construir unos cimientos fuertes que le permitan conocer sus habilidades y recursos para aprender, que lo motiven a confiar en sí mismo para abordar cualquier situación que le pueda llegar. Fomentar su autonomía y autoestima forma parte del desarrollo de su inteligencia emocional. Si se da cuenta de que puede hacer las cosas sin ayuda, se valorará más y aprenderá mejor.

Aunque hay madres, padres y gente experta que no están de acuerdo, realizar tareas en casa es más que aprenderte las tablas de multiplicar o hacer un comentario de texto sin supervisión adulta. Es compromiso, elección del momento y del lugar, orden, organización, esfuerzo, superación, autocontrol y un largo etcétera: un gran entrenamiento y aprendizaje para la vida adulta.

¿DEBERES SÍ O NO? ¿QUÉ DICE LA CIENCIA?

En algunos sectores está de moda decir que los deberes no sirven para nada. Aseguran que son contraproducentes o incluso ilegales. Algunas confederaciones y asociaciones de familias se han posicionado en contra. Incluso han pedido en ocasiones que en casa se haga «huelga de deberes», algo que, sinceramente, no me parece una buena propuesta.

A la pregunta de «deberes sí o no», mi respuesta es clara. Estoy a favor de los deberes, siempre y cuando respeten una serie de condiciones de acuerdo con lo que defienden un elevado número de investigaciones: que sean **razonables, progresivos, adecuados a la edad y relacionados con lo que se ha explicado en clase.**

He realizado una revisión de la literatura de las universidades más prestigiosas del mundo al respecto, y las conclusiones son claras: los estudiantes que hacen deberes (como indicaba antes, razonables, progresivos, adecuados a la edad y relacionados con la materia que se ha impartido en clase) obtienen mejores resultados que los que no los hacen.

Según distintas investigaciones, en la etapa de Educación Infantil no deben existir deberes más allá de alguna actividad concreta relacionada con el juego libre o dirigido (como hacer un puzle, una torre de construcción, alternar bloques de madera de distintos colores...).

En Primaria, los deberes pueden introducirse con mucha moderación, con el fin de ir creando hábitos de trabajo. Se ha observado que, en esta etapa educativa, las tareas en casa aportan beneficios en relación con la capacidad de organización, la autonomía y la responsabilidad de la niña o el niño. Se observa igualmente que ayudan a crear hábitos de estudio, aunque no se ha observado que sirvan para sacar mejores calificaciones.

Si los estudiantes están en Secundaria o Bachillerato, se ha observado que producen beneficios en la organización, la autonomía y el nivel de responsabilidad, crean hábitos de estudio y trabajo individual y, con mucha frecuencia, sirven para mejorar las calificaciones, enriquecen el aprendizaje dentro del aula y, por último, ayudan a profundizar en aquellos aspectos que apasionan al alumnado o por los que siente una predisposición especial, lo que lo ayudará a desarrollar cada uno de sus talentos.*

> La ciencia es clara: los deberes mejoran considerablemente las habilidades académicas y personales de los estudiantes, siempre y cuando sean razonables, progresivos, adecuados a la edad y relacionados con la materia impartida en clase.

* Todos tenemos una habilidad superior que nos hace destacar. Si añadimos creatividad y persistencia (que viene de la pasión), tenemos a una persona «superdotada». Hacemos un uso muy pobre de nuestros talentos. Sería deseable que ayudáramos a nuestras criaturas a encontrar los suyos y usarlos.

Los deberes ayudan a nuestras hijas e hijos a desarrollar hábitos de vida saludables y neurológicamente tienen sentido, porque los menores se habitúan al trabajo individual, con un ritmo y una organización propios.

¿Por qué hay tanta resistencia a hacer los deberes en casa?

Según la evidencia empírica revisada, las razones por las que a los menores les cuesta tanto sentarse a hacer deberes son las siguientes:

- Llegan a casa tarde y cansados por el exceso de actividades extraescolares.
- Pasan más tiempo del debido con tecnologías o viendo la televisión.
- Les falta responsabilidad y autonomía.
- Nadie les ha enseñado técnicas de estudio, herramientas para organizarse y estrategias para gestionar su tiempo.
- En casa escuchan constantemente críticas y comentarios negativos sobre el profesorado, el colegio y los trabajos escolares (no olvides que eres el referente de tus descendientes y con seguridad imitarán todo lo que hagas y digas).
- Igualmente, diversas investigaciones señalan que con más frecuencia de lo deseable educamos en la irresponsabilidad. Sí, he escrito bien, pero no te enfades. En mi larga

trayectoria, no he visto a tantos menores educados en la irresponsabilidad más absoluta como ahora. El mayor deseo de los adultos que conviven con menores es que sean responsables. La responsabilidad está muy relacionada con la excelencia y quizá no nos estemos esforzando lo suficiente para inoculársela en vena a nuestras criaturas. «No pasa nada», «No te preocupes», «Ya me ocupo yo» son frases que les repetimos cada día. No los hacemos conscientes de su responsabilidad ante las elecciones que hacen. No extraen consecuencias ni asumen las consecuencias de sus actos.

Cambia la visión que tienes de los trabajos escolares. En vez de vivirlos como una condena, sería interesante que los vieras (y se los hicieras ver a tus hijos) como una oportunidad para aprender herramientas que los van a ayudar a desenvolverse mejor en la vida. A partir de ahora —si no lo haces ya—, **acompaña a tu hija o hijo para que desarrolle hábitos de estudio, motívalo para que haga sus trabajos solo, guíalo hasta que aprenda y despliega en casa un ambiente de estudio generalizado.**

Aprender a hacer deberes de forma autónoma trasciende la realización de las actividades en sí, es mucho más. Tu tarea es conseguir que sean responsables por una motivación intrínseca, sin que tengas que obligar, perseguir, gritar o castigar cada día. Se trata de interiorizar hábitos como el orden, la superación personal, el esfuerzo, la perseverancia, la autoexigencia y la independencia.

Los deberes son un foco de conflictos porque los niños no saben cómo organizarse, nadie se lo ha explicado. Tampoco les hemos enseñado desde la primera infancia los hábitos y rutinas necesarias para rendir y tener éxito escolar. Seguramente, no tendrán asumido (porque nadie se lo ha hecho ver) que los deberes son uno de sus compromisos obligatorios diarios.

En mis conferencias, siempre pregunto a los asistentes si han enseñado a sus pequeños a lavarse los dientes, doblar su ropa o atarse los cordones. Generalmente me responden que sí. Entonces, ¿por qué no enseñarles a trabajar individualmente de forma autónoma?

Una pregunta que me hacen mucho es «qué ocurre cuando llega la adolescencia y no hemos enseñado hábitos de estudio durante la infancia». No pasa nada, simplemente tienes que saber que le va a costar más trabajo y esfuerzo no solo a tu hija o hijo, sino también a ti. Así que cuanto antes empieces, mejor.

Los datos apuntan a que España es el segundo país de la Unión Europea en fracaso escolar, y el 80 por ciento de los estudiantes aseguran que nadie les ha enseñado lo que tienen que hacer cuando se ponen a estudiar sin supervisión, a pesar de que va a ser su ocupación principal durante al menos diez años de su vida.

¿POR QUÉ SE DISTRAEN NUESTROS HIJOS?

Según la literatura científica, existen diferentes factores que favorecen que el tiempo de estudio no sea eficiente:

- **La multitarea.** Muchos estudiantes la practican con frecuencia: se sientan a estudiar, se ponen los cascos, tienen el ordenador encendido, el móvil encima de la mesa sonando constantemente y en la habitación de al lado está la televisión de fondo. La conclusión es que su cerebro tiene que dividir la atención en cinco partes, en lugar de centrarse en comprender lo que está trabajando. Este aspecto lo veremos detalladamente en el capítulo 4.
- **Pensar en las musarañas.** Pasan muchas horas delante de los apuntes, sin embargo, no están rindiendo. Están divagando entre un pensamiento y otro, entre un mensaje y otro, entre un wasap y otro.
- **Estrés.** Es frecuente encontrar a menores con todas las tardes ocupadas en actividades extraescolares después del colegio o del instituto: inglés, conservatorio, deporte, danza, competiciones del deporte y un largo etcétera. Tanta sobreestimulación favorece que la atención disminuya.

Mejorar el rendimiento es posible si ayudamos a nuestros menores a desarrollar buenos hábitos de estudio para que aprendan técnicas de trabajo individual y eliminen distractores.

EL SORPRENDENTE PODER DE LOS HÁBITOS

Decía Aristóteles que somos lo que hacemos día a día de modo que la excelencia no es un acto, sino un hábito.

Un hábito es una rutina o comportamiento que se repite regularmente de forma inconsciente. Por ejemplo, ¿te has preguntado alguna vez si te habías tomado la pastilla de un tratamiento médico o si te habías lavado los dientes? A mí me ocurre con cierta frecuencia. Esto quiere decir que lo estás haciendo de forma automática y, por tanto, no ha requerido mucha atención por tu parte y tu cerebro no ha tenido que esforzarse demasiado.

Las acciones repetidas van creando rutas entre las neuronas: una especie de caminos o atajos mentales que facilitan mucho cada tarea. Estos son los hábitos. Pero hay un problema: aprender hábitos exige esfuerzo y perseverancia, y en ocasiones, puede parecer que nuestro esfuerzo no sirve para nada porque no vemos resultados tangibles. Entonces, nos sentimos frustrados y abandonamos. Y es que **los hábitos tardan mucho en «anclarse» en el cerebro.**

Cuando hago una asesoría privada sobre hábitos de estudio, me gusta preguntar, pasados unos meses, qué tal le va a quien vino a mi despacho. Algunas veces los estudiantes me dicen: «Durante unas semanas, he puesto en práctica mi plan de trabajo y, como no he conseguido resultados, he renunciado». Para que los hábitos realmente generen un cambio, deben subsistir lo suficiente como para rebasar una meseta donde aún no percibamos cambios. El progreso no se da de manera lineal, ascendente y rápida. Pueden pasar meses antes de ver los frutos de nuestro esfuerzo. No lo olvides y haz que tu hija o hijo tampoco lo olvide.

Un hábito es como el bambú. Apenas crece durante los primeros cinco años. Durante ese tiempo desarrolla un complejo sistema de raíces que, una vez maduro, le permiten crecer más de dos metros en menos de seis semanas.

Para que niñas, niños y adolescentes consigan interiorizar hábitos de estudio y tener buen rendimiento escolar, deberán trabajar, empezando por pequeñas rutinas e ir avanzando progresivamente. No es tarea fácil, por lo que van a necesitar tu ayuda.

Tu objetivo será conseguir que se esfuercen y sean constantes, perseverantes y disciplinados sin que tengas que obligarlos o forzarlos.

Un truco que funciona muy bien para instaurar cualquier hábito es colocar el nuevo hábito detrás de otro que hagan sin apenas esfuerzo (por ejemplo, hacer los trabajos escolares cada tarde después de ver los dibujos al acabar la comida) y acompañarlo de una señal (la alarma de un reloj), sin postergarlo jamás más de dos minutos.

La fórmula será la siguiente: «Inmediatamente después de comer y descansar un poco, me sentaré a hacer los deberes. Voy a poner la alarma encima de la televisión para no despistarme».

Tu tarea será entrenar su voluntad durante el tiempo necesario, hasta que lo consiga.

¿Cuánto tiempo tardamos en desarrollar un nuevo hábito?

La formación de hábitos es un proceso mediante el cual **una conducta se vuelve progresivamente automática a través de la repetición constante.** Cuanto más repitas la actividad, más cambiará la estructura de tu cerebro para volverse eficiente. Esto ocurre porque las conexiones de tus neuronas se van haciendo cada vez más fuertes a medida que lo repites una y otra vez.

Repetir un hábito tiene como consecuencia cambios claros físicos en el cerebro. Ya lo vimos al hablar de la neuroplasticidad del cerebro: en los músicos, el cerebelo —órgano fundamental para realizar movimientos como pulsar cuerdas— es más grande que en el resto de las personas. Al analizar los cerebros de los taxistas de Londres, los científicos se dieron cuenta de que tenían el hipocampo —la región del cerebro relacionada con la memoria espacial— significativamente más grande. Lo más fascinante es que el hipocampo de los taxistas se encogía cuando se jubilaban.

Es un dato constatado que la repetición constante y frecuente es esencial para establecer hábitos. Sin embargo, no existe un número exacto de días para que una persona cree un nuevo hábito o destruya uno ya adquirido. Lo que sabemos es que si el hábito es complejo (como los de estudio), se pueden tardar meses. Si es simple (lavarse las manos al entrar en casa), se pueden tardar semanas.

Una investigación llevada a cabo en Londres con 96 personas durante 12 semanas comprobó que el tiempo que se tarda en formar un nuevo hábito varía mucho según el comportamiento, la persona y las circunstancias. Este tiempo suele oscilar entre 2 y 8 meses —no 21 días, como aseguran en las redes sociales «personas expertas» que no saben nada.

Por tanto, no se te ocurra martirizarte ni culpar a tu hija o hijo si no ha conseguido ser autónomo haciendo deberes en tan solo 21 días. En hábitos de gran dificultad las caídas son frecuentes y deberás ayudarlo a encarrilarse de nuevo. La perfección no existe. No marques expectativas muy elevadas, acompáñalo cada día de forma constante para que vaya aprendiendo poco a poco.

El esfuerzo, la constancia, la perseverancia, la autodisciplina y la voluntad son hábitos que no vienen de fábrica. Tenemos que incentivarlos desde la infancia, con paciencia, firmeza, ejemplo, tiempo y amor.

TAREAS ESCOLARES Y MADRES Y PADRES SOBREPROTECTORES

Sin embargo, a veces, en vez de incentivarlos y dedicar tiempo a que vayan aprendiendo a ser responsables y autónomos a la hora de hacer sus trabajos, los sobreprotegemos. Las razones son de lo más variadas: evitar conflictos, falta de tiempo, estrés, creer que es bueno para ellos y un largo etcétera.

Un día, una madre me contó que el domingo anterior por la tarde se había recorrido todas las tiendas de «todo a cien» buscando arcilla para la clase de Plástica de su hija. Cuando le pregunté por qué no lo había comprado antes, me dijo que su hija se lo había dicho después de la merienda. A ella le venía muy mal salir a la calle, porque tenía miles de tareas pendientes, pero si su hija no llevaba el trabajo, suspendía el trimestre.

La sobreprotección es agotadora (sobre todo para las madres, que son las que suelen cargar con el peso), al tiempo que muy negativa para los menores. Llevarlos siempre entre algodones y resolverles todos sus problemas los inutiliza como individuos. Es como decirles: «Me siento todos los días a hacer los deberes contigo porque tú no eres capaz». Entre líneas, le estás diciendo: «Tienes derecho a todo, aunque no te hayas esforzado nada».

Ser madre o padre es un trabajo lo suficientemente duro como para que nos echemos encima obligaciones que, además, son perjudiciales y favorecen que los menores sean dependientes, miedosos, inseguros y con nula tolerancia a la frustración.

Siempre que hablo de esto me acuerdo de un caso verídico que ocurrió en una universidad española. Una joven de veinte años estadounidense que estudiaba en España se quedó encerrada en un ascensor y, en vez de tocar el botón de alarma, llamó a su madre, que vivía en Estados Unidos, para que avisara a conserjería de que estaba atrapada.

Hace unos meses, una madre me comentaba que se sienta con su hijo de quince años cada tarde, desde Primaria, porque «si se equivoca se pone muy triste» (estas fueron sus palabras).

Me costó hacerle entender que evitar las responsabilidades a un hijo en un mundo cargado de frustraciones puede tener consecuencias serias para él: conflictividad, ansiedad, insatisfacción constante o estados depresivos.

Cuando tu hija está haciendo un resumen de Lengua, no es bueno que estés encima de ella para que no vea TikTok o no chatee con las amigas. Cuando tu hijo está resolviendo ecuaciones de Matemáticas el último día, aprisa y corriendo, no debes sentarte a su lado y hacérselas tú para acabar antes. La vida es una carrera de obstáculos. Nuestra función es prepararlos para el camino y no preparar el camino para ellos. Y hacerlo con amor, firmeza y sentido común.

Tu mensaje a partir de ahora va a ser el siguiente:

- «No voy a hacer las cosas por ti».
- «Es tu responsabilidad».
- «Entiendo que te cuesta, sé que prefieres jugar, pero no hay otra opción».
- «Vamos a razonar, porque tienes que aprender a hacer las cosas de forma autónoma».
- «Tienes que asumir las consecuencias de tus actos».
- «Te vas a tener que esforzar, y yo voy a apoyarte y guiarte mientras aprendes».
- «Lo vas a hacer tú solo. De aquí a unos meses aprenderás, porque eres capaz».
- «Voy a ser firme».
- «Todo esto es porque te quiero».

La felicidad y la autoestima están muy unidas a la autonomía. La gente es mucho más feliz cuando consigue hacer las cosas por sí misma.

Otra duda frecuente es si debemos hacerles actividades, deberes o resúmenes **para que no suspendan.** O de otra forma, ¿qué ocurre si les pilla el toro y suspenden porque no les hemos hecho sus trabajos o no nos hemos puesto a estudiar con ellos la noche antes hasta las tantas? La respuesta es evidente... Como vengo repitiendo en páginas anteriores, el estudio y los deberes son dos grandes oportunidades para estimular su responsabilidad y para que aprendan a asumir las consecuencias naturales de sus decisiones. Si ha decidido dejar para el último momento la lectura del libro sin tener en cuenta que se le iba a juntar con los exámenes, tendrá que asumir las consecuencias.

¿Y si estas consecuencias implican que suspenda o que saque mala nota? Quizá compense la lección que ha aprendido.

Como madres y padres, debemos tener claro que, si suspenden, no es porque no les hayamos ayudado a hacer el resumen de Historia o los problemas de Matemáticas la noche anterior al examen. Seguramente habrá otras razones y tendrás que averiguarlas.

Si suspende, puede ser porque...

- Nadie le ha enseñado técnicas de estudio (resúmenes, mapas conceptuales...).

- Nadie le ha enseñado a organizarse.
- Le invade la vagancia. No se esfuerza, no es perseverante, no tiene hábitos de estudio...
- Tiene muchas actividades extraescolares.
- Usa mucho las tecnologías.
- Hay otras razones (en este apartado caben opciones que van desde el acoso escolar a los problemas de autoimagen: deberás estar muy pendiente).

Sea cual sea el motivo, recuerda que la solución no es hacer las cosas por ellos. La única solución válida es «enseñarles a pescar y no darles el pescado». Dicho esto, matizo algo importante: tenemos que hacer todo lo posible para que no suspendan. Suspender o repetir curso no es una buena estrategia. **El fracaso escolar no suele hacerlos reaccionar. Con frecuencia, se instalan en el suspenso y abandonan.**

Si demandan nuestra ayuda de forma insistente para aprobar, es que algo está fallando. Tendrás que averiguar qué es con la ayuda de especialistas, preguntando al profesorado y hablando con tu hija o hijo.

FALTA DE TIEMPO Y CULPABILIDAD

Un asunto importante que quiero abordar y que me encuentro cada día es el de la «falta de tiempo» de madres y padres, por un lado, y de las criaturas por otro.

La falta de tiempo de nuestros hijos tiene que ver con tres elementos que debemos valorar:

- **El número excesivo de actividades extraescolares** es un error común. Niñas y niños deben tener tiempo para aburrirse, para jugar o simplemente para «no hacer nada». En general, y según las características del menor y del curso, no se recomiendan más de dos actividades. Si fuera una, mejor. Es recomendable combinar aquellas que requieren estudio (pintura, música, inglés...) con otras más lúdicas (deporte). En todo caso, lo recomendable es no sobrecargar a nuestras hijas e hijos con agendas frenéticas. Es bueno que se aburran o jueguen cuando acaben sus responsabilidades. Comprendo que a veces recurramos a las extraescolares para conciliar; sin embargo, no es la mejor idea: la jornada escolar es lo suficientemente larga para ampliarla.
- **El número de horas que están delante de las pantallas.** Este mal uso de las tecnologías está destrozando la capacidad de aprendizaje de infinidad de menores. Lo abordaremos en profundidad en el siguiente capítulo.
- **El exceso de trabajo de los adultos, ya sea en casa o fuera de casa,** que deja poco tiempo libre y genera culpabilidad e inseguridad en madres y padres.

Deberíamos pararnos a pensar detenidamente en una de las conclusiones de un trabajo empírico publicado por investigadores de la Universidad de La Coruña: «Nuestros hijos obtienen más atención de sus padres cuando lo hacen mal que cuando lo hacen bien».[5] Cuando lo hacen mal nos sentamos con ellos con la mejor voluntad. Sin embargo, lo que estamos haciendo es reforzar un comportamiento negativo porque, aunque sea de forma inconsciente, saben que mamá o papá irán al rescate.

CLAVES PARA APRENDER A ESTUDIAR DE FORMA AUTÓNOMA

Recuerdo nítidamente la primera reunión que tuve con madres (y un padre). Acababa de empezar mi tesis doctoral y estaba inmersa en varias investigaciones sobre rendimiento y éxito escolar. Según consta en mi cuaderno de campo, pregunté qué asuntos les preocupaban más en relación con la educación de los menores. Mayoritariamente respondieron que «la hora de hacer los deberes».

Y es que cuando llegamos a casa comienza una situación que para algunas familias es difícil de afrontar: el momento de hacer los deberes. Se hacen los remolones, nos piden ayuda continuamente, nos sentamos a su lado para revisar o corregir y, al final, estamos toda la tarde revoloteando a su alrededor. Sin embargo, como hemos visto anteriormente, esta no es una buena estrategia.

Debemos enseñarles a hacer los deberes solos, de forma autónoma y responsable, sin que estemos revoloteando a su alrededor cada tarde. **Será el mejor entrenamiento para la edad adulta.**

Durante la infancia y la adolescencia se anclan las bases del aprendizaje. En estas dos etapas existen periodos de aprendizaje óptimos. Fuera de ellas les va a costar mucho más. Por eso es tan importante empezar a desarrollar su autonomía desde que son pequeños.

Sin autonomía no hay autoestima. Tenemos que educar a nuestros hijos para que sean adaptables, para que cuando se caigan, se vuelvan a levantar, aunque no es tarea fácil. Conseguir que desarrollen hábitos de estudio, seguramente, nos llevará más tiempo y esfuerzo que hacerlos a su lado. A corto plazo, no parece rentable, pero te aseguro que a medio y largo plazo sale a cuenta.

Maria Montessori decía que «cualquier ayuda innecesaria es un obstáculo para su desarrollo».

¿Te animas? No olvides que tu criatura no sabe cómo aprender de manera óptima. Te necesita.

Veamos algunos factores que los estudios revisados han señalado como eficaces a la hora de interiorizar hábitos de estudio y alcanzar un satisfactorio rendimiento académico:

1. Espacio de estudio.
2. Horario y plan de estudio.
3. Agenda escolar.

4. Esfuerzo, constancia y disciplina.
5. Ladrones de tiempo.
6. Técnicas de estudio: subrayar, hacer esquemas y memoria.
7. Tiempo de estudio.
8. Descanso.
9. «No quiero hacer los deberes».

Espacio de estudio

Para ayudar a desarrollar hábitos de estudio es fundamental cuidar el espacio de trabajo:

- **Proporciona un espacio de estudio fijo,** a ser posible su dormitorio, con buena iluminación natural, si tienes esa posibilidad. Si el lugar es siempre el mismo, lo asociará a la acción de estudiar y generará más fácilmente un hábito.
- Siempre **ha de estar disponible cuando lo necesite.** Será cómodo y agradable, lo que favorecerá la concentración y el trabajo efectivo.
- **No habrá entretenimientos** (televisión, ordenador o equipo de música encendidos, móvil, videoconsola...).
- Mientras estudia, **convierte la casa en un lugar silencioso** con ambiente de recogimiento. Procura que no haya distracciones. Ponlo fácil, evita ruidos, trasiego, música o la televisión encendida en el salón o en otra estancia con volumen alto, conversaciones con tono elevado, etcétera.

- Hasta que aprenda, **ayúdale a ordenar la zona** donde va a estudiar. Está demostrado que **el orden favorece la atención y la concentración.**
- La mesa de trabajo (mejor sin cajones) estará ordenada, limpia y diáfana, solo con el material necesario. Si hay objetos que pudieran molestar, quítalos definitivamente. Hay zonas de estudio que parecen mercadillos o discotecas.
- La **silla** será **confortable y con respaldo. Siempre estudiará sentado,** jamás tumbado en el sofá o la cama. Delante de la silla es recomendable tener un reposapiés.
- Coloca un **tablón de corcho** en la pared donde pueda colgar los planes diarios y semanales de estudio, las fechas de exámenes, etcétera.
- El estudio individual se realiza con la **puerta abierta** (es innegociable). Si protesta y exige intimidad, argumentaremos que mientras se trabaja no se necesita intimidad y que la mejor forma de rendir y no distraerse es tenerla abierta.
- Lo más recomendable es que uno de los progenitores esté siempre en casa.

Horario y plan de estudio

Otra clave para afianzar los hábitos de estudio y mejorar la concentración es establecer conjuntamente con tu hija o hijo un horario y un plan de estudio. Es, además, una de las mejores bazas para acabar con las discusiones diarias, porque todo está fijado, razonado y detallado.

Trazar un plan ayuda a compaginar el estudio con el tiempo libre, quitarse la preocupación de las tareas pendientes y ser conscientes del propio rendimiento.

Hasta que aprendan, haz el horario con ellos. Empieza en 1.º de Primaria (cuando tenga seis años). Ten en cuenta su edad, sus capacidades, su responsabilidad y su nivel de autonomía. A partir de los diez años (4.º de Primaria), ya podrá hacerlo solo y tú, luego, lo supervisas. Con el tiempo, diseñará su propio horario, lo que facilitará que extienda la capacidad de organización a otros ámbitos de su vida.

El horario ha de estar adecuado a sus necesidades, capacidades y disponibilidad, debe ser realista, y ha de estar escrito y colgado en un sitio visible (el frontal de la nevera, el tablón de corcho...). Se puede hacer semanal o trimestral (si las semanas son iguales). Debe estudiar cada día, a ser posible, a la misma hora. El fin de semana puede descansar si no tiene trabajo atrasado.

Siempre que se pueda, el horario será flexible. Hay que tener en cuenta que, con mayor o menor frecuencia, podrán surgir compromisos e imprevistos que nos obligarán a modificarlo, pero intentaremos que afecten lo menos posible a las tareas prioritarias establecidas en el plan.

Compra un reloj con alarma para que no tengas que avisar de que ha llegado la hora y vaya ganando autonomía. No permitas que use el teléfono como reloj, las pantallas no deben estar a su alcance mientras hace los deberes y estudia. Tutorízalo hasta que aprenda.

Si no tiene deberes, tendrá que hacer algo, por lo menos la mitad del tiempo previsto, para no perder su rutina diaria: leer, escribir o adelantar tareas (resúmenes, profundizar en contenidos, etcétera).

Es recomendable que no estudie inmediatamente después de comer, justo después de las clases, muy tarde o en el último momento de forma atropellada.

Baja una plantilla de internet o hacedla juntos, coloca los días de la semana en la parte superior y las horas verticalmente. Anota el horario de cada asignatura que tenga que estudiar ese día, teniendo como referencia las clases del día siguiente. A continuación, escribe las actividades extraescolares. Recuerda que no debe hacer más de dos diferentes a la semana.

Nuestros menores necesitan horas de parque, de hogar «sin hacer nada», de juego sin estructurar, tranquilidad y aburrimiento. Hay que aligerar las agendas de extraescolares y tecnología.

Agenda escolar

Explica claramente a tu hija y tu hijo que **la agenda es su responsabilidad.** Esto significa que deberá apuntar diariamente las tareas de cada asignatura a medida que el profesorado las vaya diciendo. Además, deberá revisar la agenda antes de salir del colegio para asegurarse de que lleva consigo los libros y el material que necesita.

Advierte claramente que no preguntarás por el grupo de WhatsApp dudas ni olvidos. Por favor, sé firme y respeta tu advertencia. Si caes una vez, se repetirá cada vez con más frecuencia.

Hasta que aprenda, revisa a su lado la agenda con el horario delante, tanto al principio como al final del tiempo de estudio:

- Al principio, para ayudarle a organizar asignaturas y los tiempos aproximados que destinará a cada tarea.
- Al final, para asegurarte de que están todas las tareas hechas.

Mientras revisamos la agenda, iremos colocando libros y libretas en una torre, según el criterio que elija el menor: de ma yor a menor dificultad, de la que más le gusta a la que menos, de la más urgente a la menos... Le dejaremos hacerlo siempre y cuando no tenga problemas con la organización. Intenta pactar un tiempo prudencial y ve retirándote progresivamente. Por ejemplo: «¿Qué te parece si dentro de un mes lo haces sin mí? ¿Lo anotamos en la agenda?». El orden de la torre será en el que harán los deberes o estudiarán.

Debe ir siempre al día. Sin embargo, si acaba el tiempo de estudio y no ha finalizado con lo programado...

- Si no es urgente, lo anotará en «pendientes» y lo acabará durante el fin de semana. Todo lo pendiente, debe estar finalizado el domingo.
- Si es urgente, se levantará más temprano al día siguiente.

GRUPOS DE WHATSAPP

Quiero dar respuesta a una duda frecuente que me hacéis por las redes sociales, cuando imparto una conferencia o en mis consultas privadas, relacionada con los grupos de WhatsApp de madres y padres.

De entrada, los grupos de WhatsApp parecen una idea genial. Nos permiten estar informados de todo. Podemos preguntar por los deberes, hablar de los cumpleaños, de los profesores y del regalo de fin de curso. Todo en una sola aplicación. Sin embargo, desde mi punto de vista, esta percepción es engañosa. Tener un grupo de madres y padres no es una idea tan genial... ¿Por qué? Tomemos como ejemplo los deberes (no voy a entrar en el resto de las cuestiones que suelen abordarse en los grupos): a través del grupo nos estamos haciendo cargo de una responsabilidad que no nos corresponde.

Así que, si decidimos entrar dentro del grupo de madres y padres, deberemos pactar con nuestra prole qué uso le vamos a dar, y respetar ese pacto sin excusas.

Por ejemplo, un punto imprescindible es si vamos a pedir los deberes cuando se les olviden. Desde mi punto de vista, el pacto debe ser que jamás los pediremos nosotros, porque es su responsabilidad apuntar las tareas escolares pendientes en la agenda.

Los grupos de WhatsApp de clase fomentan la irresponsabilidad y la comodidad de hijas e hijos. «¿Para qué voy a apuntar los deberes, si luego mi madre los pedirá por el grupo?», se preguntará el niño.

Esfuerzo, constancia y disciplina

Otra clave para que nuestros menores desarrollen hábitos de estudio es incentivar el esfuerzo, la constancia y la disciplina, valores que, al contrario de lo que se suele pensar, no son intrínsecos al individuo, sino fruto del aprendizaje y del ensayo/error.

Si en algo he hecho hincapié a mis hijos ha sido en la necesidad de tesón, sacrificio y esfuerzo para alcanzar sus objetivos. La cultura actual en la que todo es asequible no ayuda a educar en la idea de que, si quieres algo, tienes que trabajar duro para conseguirlo. **La sociedad actual ensalza la inmediatez, la recompensa rápida y fácil.** Cada día me encuentro adolescentes que han sido educados en la idea errónea de que, para alcanzar objetivos, no es necesario dedicar tiempo, hacer sacrificios o renunciar al placer inmediato.

Gracias a que nuestro cerebro es neuroplástico, tenemos la capacidad de mejorar nuestras habilidades a base de entrenamiento. Desde la infancia, niñas y niños tienen que aprender a trabajar duro para conseguir sus metas.

Y somos madres, padres y educadores quienes tenemos que enseñárselo y potenciarlo a base de tenacidad y constancia. A nuestro cerebro no le gusta pensar, trabajar ni aprender. Le gusta la ley del mínimo esfuerzo. Para él es agotador incorporar nuevos hábitos. Lo más fácil es continuar con sus rutinas. Es un yonqui del piloto automático. Por tanto, tenemos que entrenar la voluntad y fortalecer nuestra tenacidad si queremos aprender a asumir responsabilidades.

La clave del éxito se encuentra en saber combinar nuestras habilidades y destrezas con trabajo, dedicación, constancia y perseverancia. No obstante, un elevado número de madres y padres allanan el camino, resuelven los problemas y evitan los conflictos a sus criaturas por «pena» o para que no sufran, cuando es sabido que estos valores se fortalecen con la práctica y se atrofian con la falta de uso. Proliferan *influencers* con muchos seguidores en las redes, pero que no tienen formación académica en el campo de la educación, que proclaman que es posible «aprender sin esfuerzo» y que hay que evitar las frustraciones.

Cada vez me encuentro a más familias que sitúan a sus criaturas en el centro del mundo y montan en cólera si el centro escolar exige respeto, esfuerzo y responsabilidad a los estudiantes. Pagan altísimas mensualidades para que sus retoños asistan a centros escolares cuyo ideario está basado en la libertad absoluta, siguiendo a la famosa escuela Summerhill. Esta escuela fue fundada en 1921 por el educador escoces Alexander Sutherland Neill. En ella los menores tienen libertad para establecer las normas y hacer lo que deseen siempre y cuando no interfiera en los demás. Esto incluye decidir qué quieren aprender, cuándo y cómo, lo que significa que la asistencia a clase no es obligatoria. No se utiliza la autoridad adulta y hay acceso gratuito a obras de arte, carpintería y objetos tecnológicos.

Desoyen los estudios internacionales que señalan que el desarrollo individual y el rendimiento escolar están relacionados con el esfuerzo, la constancia y la capacidad de frustración.

Viven en un mundo *happy flower* en el que creen que solo con desearlo pueden ser felices.

Como hemos visto en el capítulo anterior, los datos apuntan a que **la capacidad de autocontrol y disciplina tiene efectos más positivos que la propia inteligencia.** Así que te invito a educar en la cultura del esfuerzo. Motiva a tu hija y tu hijo a desarrollar su voluntad para hacer sus trabajos escolares de forma autónoma y responsable. Tu ejemplo, dedicación y perseverancia serán las mejores estrategias para conseguirlo. Te aseguro que será capaz de hacerlo sin tenerte a ti vigilando todo el tiempo.

Ladrones de tiempo

Algunos estudios han cuantificado que el tiempo que pierden los menores cuando están realizando deberes y trabajo individual puede llegar a suponer un 30 por ciento del total. Las distracciones o los ladrones del tiempo (móvil, dispositivos electrónicos, ordenador, cascos, televisión, redes sociales, chats...) reducen la productividad mucho más de lo que creemos, debido al esfuerzo que supone después recuperar la concentración en aquello que se estaba haciendo.

En el próximo capítulo trabajaremos detalladamente cómo evitar que los ladrones de tiempo interfieran en el rendimiento. No obstante, vamos a avanzar algunas claves importantes a la hora de incentivar hábitos de estudio en un menor.

El **móvil constituye el 50 por ciento de las distracciones de un estudiante en su tiempo de trabajo individual.** Es por tanto imprescindible que esté fuera de su alcance, es decir, ¡fuera de la habitación!

Y lo digo porque, cuando han perdido la mitad de su tiempo de trabajo individual chateando o jugando con los colegas, empiezan a correr para terminar, dejando para más tarde o para mejor momento los trabajos o actividades que no les gustan o creen menos importantes. **El móvil y la procrastinación entorpecen el rendimiento.** Aplazar tareas solo garantiza que se conviertan en urgentes más adelante y que, cuando ya no pueden hacerlas por falta de tiempo, nos pidan ayuda para tenerlas listas.

La desorganización provoca una pérdida de eficacia que repercute en la productividad. Por eso, yo recomiendo **afrontar las tareas más complejas en primer lugar, aunque también es posible que realicen las que menos les gustan. Cada estudiante decidirá según sus preferencias.**

Si necesitan navegar por internet para realizar sus trabajos, lo harán con supervisión y control. Cuando acaben, volverán a sacar de su dormitorio el móvil o la tableta, o apagarán el ordenador y lo dejarán en el lugar que tenga destinado. Mientras navegan, tendrán cerradas todas las aplicaciones de mensajería, redes sociales... Razona con tu hija o hijo, y explícale que dejar este tipo de aplicaciones abiertas atraerá constantemente su atención con alertas y avisos, atrapándolo mientras revisa un mensaje tras otro. Tiene que aprender que, aunque no esté estudiando, deberá tener bloqueadas las notificaciones (visuales, luminosas, de sonido) de todas las aplicaciones.

Las pausas para merendar o descansar tendrán un tiempo estipulado en el horario. Estará vetado el uso de tecnología mientras se descansa. Seremos firmes con esta norma, que quedará claramente señalada desde el primer día.

Harán una cosa cada vez. **A los adolescentes les encanta la multitarea, sin embargo, los datos aseguran que reduce la productividad y concentración.** Entre otros, en un reciente estudio llevado a cabo en la Universidad de California pidieron a diferentes estudiantes que memorizaran unas listas de palabras que más adelante intentarían recordar. Para comprobar si la distracción afectaba a su capacidad de memorizar, les encomendaron que realizaran al tiempo otra tarea (tenían que ordenar con el teclado del ordenador una serie de letras basándose en su color). Se descubrió que las tareas simultáneas afectaban a la memorización y el recuerdo. Las implicaciones de estos resultados son indudables durante la adolescencia, cuando con frecuencia se encierran en su dormitorio para hacer los deberes con los auriculares puestos, el móvil cerca, el ordenador y la televisión encendida.[6]

Y es que la multitarea no existe. No podemos prestar atención a dos cosas a la vez, ni siquiera las mujeres, como siempre se ha dicho. Al menos, en aquellas actividades que impliquen redes neuronales ejecutivas comunes. La multitarea es un mito, nuestro cerebro no lo permite, porque se va concentrando en los conceptos secuencialmente, de uno en uno.

La multitarea también supone tener la televisión encendida de fondo. Investigaciones recientes señalan que la exposición a la televisión de fondo mientras los menores realizan tareas académicas supone una reducción considerable del rendimiento, concentración, atención y memoria.

Esto quiere decir que nuestras niñas y niños deben hacer una sola cosa a la vez si la quieren hacer bien.[7]

En resumen, realizar varias tareas a la vez dificulta la actividad cerebral. Además, se corre el riesgo de olvidar una de ellas o dejarla incompleta. Es conveniente que se mantengan enfocados en una actividad hasta que la acaben y, luego, comiencen la siguiente.

Cuando los ayudemos a planificar su tiempo de estudio, les haremos retirar todos los ladrones de tiempo y los dejarán en otra habitación.

Técnicas de estudio: subrayar, hacer esquemas y memoria

Tener buenos resultados escolares depende de querer y poder estudiar, saber cómo hacerlo y ponerse a ello. Hay niñas (sobre todo) que me cuentan que al llegar del colegio tienen tantas responsabilidades (cuidar de sus hermanos, hacer tareas domésticas, etcétera) que no tienen disponibilidad para hacer los deberes.

Creo que nuestras hijas y nuestros hijos (ellos también) deben colaborar en casa. Sin embargo, entre semana, cuando llegan de clase, lo primero debe ser realizar las tareas escolares. Esa es su verdadera responsabilidad. Si les queda tiempo, pueden ayudar sin olvidar que, si los sobrecargamos con cuidados y tareas domésticas, desatenderán lo escolar por falta de tiempo y quizá también de interés.

Cuando voy a impartir conferencias, hay algunas madres que me cuentan que quieren «enseñar a sus hijas, desde pequeñas, a ser *buenas mujeres*» (frase textual recogida de mi cuaderno de campo). Son madres que piensan que sus hijas deben estar preparadas para «saber atender su casa» (de este tema y de cómo educamos de forma diferente a hijas e hijos hablaré de forma extensa en mi próximo libro).

Además de tiempo para centrarse en lo académico, niñas, niños y adolescentes deben conocer técnicas de estudio que les permitan rendir más eficazmente. En ocasiones, en el centro educativo se imparten clases para que el alumnado conozca este tipo de estrategias. Si es así, tendremos mucho trabajo adelantado. En casa solo seguiremos motivando y reforzando. Sin embargo, en otras ocasiones, el centro escolar no profundiza sobre cómo «aprender a aprender», en cuyo caso tendremos que hacerlo nosotros desde cero.

Las técnicas de estudio son un conjunto de herramientas que permiten comprender, organizar y memorizar conceptos de forma permanente. Usándolas, aprovecharán mejor sus recursos intelectuales y mejorarán su rendimiento académico. Deben estar siempre adaptadas a la edad del alumnado. Para implementar estas técnicas es necesario poner en práctica, además, perseverancia y paciencia.

Para que el rendimiento sea óptimo deben aprender e interiorizar las siguientes estrategias:

- **Realizar una lectura comprensiva.** En primer lugar, debemos leer el texto para entenderlo y extraer las ideas principales y secundarias. Las primeras veces leeremos con ellos y les enseñaremos que para comprender mejor podemos avanzar, retroceder, detenernos, pensar y recapitular.
- **Subrayar las ideas principales.** A continuación, emplearemos colores para identificar las ideas más importantes y las secundarias. Para hacerlo de la forma correcta, los expertos recomiendan señalar aproximadamente un 25 o 30 por ciento del total del texto y hacerlo con diferentes colores: uno para las ideas importantes, otro para las secundarias, un tercero para las palabras clave y un cuarto color para los ejemplos.
- **Hacer esquemas.** Un esquema es una expresión gráfica del subrayado que contiene de forma sintetizada y ordenada las ideas principales y secundarias del texto. Un buen esquema ha de ser limpio y claro, estar en una sola página y comenzar por la idea principal de la que se derivan después las secundarias. Permite obtener de un solo vistazo una idea clara del tema para seleccionar los contenidos

básicos y profundizar en ellos. Es valioso tanto al inicio del estudio como para repasar al final. Pueden ser de llaves, ramificado, de desarrollo numérico o por letras, mixtos...

- **Hacer resúmenes,** es decir, una breve redacción que recoja las ideas principales del texto con nuestras propias palabras. Un buen resumen ha de ser objetivo, breve y conciso.
- **Practicar sin mirar** los ejercicios y casos prácticos realizados en clase en el caso de asignaturas de ciencias (Matemáticas, Química, Física, Tecnología, etcétera).
- **Memorizar.** Para memorizar necesitamos concentración, orden y tener preparado el subrayado, los esquemas y los resúmenes. Se memoriza a base de repetir o escribir las ideas seleccionadas en todos los documentos que hemos preparado con anterioridad. Cuando llegan los exámenes, a veces el alumnado es incapaz de recordar porque cuando estudió no estaba concentrado, no entendió lo que leía o estudió con prisas o de forma superficial.
- **Repasar.** Consiste en evocar y recuperar de la memoria lo estudiado y comprobar lo que se sabe. El primer repaso se hace al terminar el estudio de cada tema, y el segundo, antes del examen.
- **Autoevaluación.** Es comprobar que nos sabemos los contenidos. Consiste en realizar un simulacro de examen y verificar si realmente hemos aprendido lo que nos hemos propuesto. Hay que cerrar el libro y repetir... Se puede hacer de forma mental, oral, utilizando una grabadora,

por escrito o contándoselo a una tercera persona (cuando la niña o niño ya lo sepa hacer de forma autónoma, no será necesaria la presencia de un tercero).

Estas estrategias están recogidas en dos técnicas de estudio cuya eficacia está bien demostrada: la **técnica Feynman** y la llamada **memorización activa.**

Solo entendemos algo bien si sabemos explicarlo de forma sencilla por muy complicado que sea. Piénsalo detenidamente: si no puedes explicar algo de forma sencilla es porque no lo entiendes lo suficientemente bien. La técnica Feynman está basada en esta idea, y por eso me gusta.

En primer lugar, selecciona el tema que previamente has leído de forma comprensiva y subrayado. Coge una hoja de papel (no he dicho «un ordenador»: escribirás a mano) y pon el título de forma que se vea claramente de qué va. Haz un esquema o, si lo prefieres, escribe todo lo que recuerdes. Una vez hecho esto, explica el tema en voz alta, como si estuvieses dando clase. Esto te hará darte cuenta de las áreas que no controlas bien. Completa, reescribe y revisa de forma exhaustiva la información que tenías anotada. Vuelve a explicarla en voz alta de manera sencilla, con honestidad y sin intentar engañarte.

Sé que parece lento y pesado. Sin embargo, cuando tu hija o hijo le coja el tranquillo, lo usará de forma rápida y efectiva.

Como pedagoga, creo que la clave de esta técnica se encuentra en que para explicar algo de forma sencilla debemos asimilarlo y entenderlo a la perfección. Si conseguimos asimilar un contenido, aunque llevemos tiempo sin estudiarlo, lo recordaremos de un vistazo.

El juego de explicar el tema a un «alumno imaginario» suele motivar y ayuda a memorizar mejor.

La segunda técnica que mencionaba es la memorización activa o *active recall*, una forma eficiente de estudiar y rendir avalada por la ciencia.

En primer lugar, se realiza una lectura comprensiva y se subraya el texto. A continuación, se hacen preguntas con los epígrafes del contenido, con las ideas clave, las secundarias y los aspectos más relevantes del tema. Se responden por escrito. Luego, se explica en voz alta a un «amigo imaginario» cada pregunta y respuesta (sin mirar). Las respuestas se deben autocorregir con honestidad.

En términos generales, lo ideal es **enseñarles a planificarse, organizarse, incorporar la rutina de revisar su agenda,** con el fin de hacer lo que corresponde y que no se acumule el trabajo. Por último, comprueba que está todo preparado para llevar a clase al día siguiente. Al principio supervisaremos. Luego nos iremos retirando progresivamente hasta que sepan hacerlo por ellos mismos.

ÉPOCA DE EXÁMENES

La ansiedad ante los exámenes es un problema común entre los estudiantes que puede afectar negativamente a su rendimiento académico. He conocido a lo largo de mi vida a muchas chicas y chicos que se sentían abrumados antes y durante las pruebas, lo que interfería con su capacidad para procesar la información y responder a las preguntas de manera correcta.

Por eso, es importante que sepas que existen estrategias que ayudan a superar la ansiedad y mejorar el rendimiento en los momentos de tensión.

Con demasiada frecuencia, el estrés y la ansiedad están relacionados con la falta de preparación o con el estudio rápido, superficial y de último momento. En estos casos, poco se puede hacer ya, salvo recordar a tu hija o hijo que estudiar a diario de manera constante aporta tranquilidad, confianza y seguridad.

El típico atracón los días previos dificulta que se utilicen técnicas de estudio eficaces, consolidadas y duraderas (como las señaladas en el apartado anterior). Por otro lado, las investigaciones señalan que los atracones suelen producir sobrecarga cognitiva por el exceso de información en tan corto espacio de tiempo.

Los días previos a los exámenes, hasta que el menor aprenda a ser autónomo, ayúdalo a organizar por escrito su plan de estudio con asignaturas, temas que entran, horarios y tiempo que debe dedicar a cada materia. Tener todo ordenado y claro aporta tranquilidad no solo en casa, sino también en el momento de la prueba. Recuérdale que debe utilizar todo el material preparado durante las semanas anteriores (resúmenes, esquemas, etcétera), repasar, memorizar en voz alta o por escrito y autoevaluarse.

Debe seguir con el deporte (si lo hace) y dormir bien. Algunos estudios apuntan que el sueño favorece la consolidación del aprendizaje (como dice un refrán popular, «lección dormida, lección aprendida»).

Si tienen responsabilidades domésticas y familiares, seremos más permisivos durante la época de exámenes.

Si percibes que tu hija o hijo siente mucho estrés, pregúntale en qué le puedes ayudar. Esos días se sentirá más inseguro y te necesitará más cerca.

En conclusión, la ansiedad ante los exámenes es una emoción común que puede afectar a cualquier estudiante. Sin embargo, las estrategias anteriores suelen ser efectivas para superarla y enfrentar los exámenes con confianza. La ansiedad es natural, pero la perseverancia y la disciplina ayudarán a nuestros menores a alcanzar sus objetivos académicos.

Tiempo de estudio

Teniendo en cuenta numerosas investigaciones revisadas, los tiempos de estudio diario recomendados según el curso académico son los siguientes (todas las indicaciones son aproximadas y se adaptarán a las circunstancias madurativas y familiares del menor):

- En **Educación Infantil** no es frecuente que les pongan deberes. No obstante, es recomendable empezar a crear el hábito. Deben saber que ese es su «tiempo de deberes» y que lo tendrán que respetar. Haz un horario «como si fueran mayores» y pon una alarma. Con quince o veinte minutos es suficiente (o menos si lo crees oportuno). Cada día realizarán una tarea: un puzle, un dibujo, colorear, una torre de colores, ensartar bolas... Es decir, actividades adecuadas a su edad. Verás su cara de felicidad y, sobre todo, cuando llegue a Primaria tu hija o hijo tendrá mucho ganado.

- En el **primer ciclo de Primaria** (1.º y 2.º) serán suficientes treinta o cuarenta minutos. En el **segundo ciclo** (3.º y 4.º), de cuarenta a sesenta minutos. En el **tercer ciclo** (5.º y 6.º), estudiarán de sesenta a noventa minutos.
- En el **primer ciclo de Secundaria** (1.º y 2.º), necesitarán trabajar aproximadamente dos horas diarias. En el **segundo ciclo** (3.º y 4.º), se alcanzarán las dos horas y media.
- En **Bachillerato** tendrán que estudiar más. Son cursos en los que la nota cuenta para las pruebas de acceso a la universidad. Lo más seguro, es que necesiten tres o más horas.

No cometas un error muy común: utilizar el móvil como objeto de negociación o amenaza. No se te ocurra decir «si estudias el tiempo pactado o terminas todas tus obligaciones tendrás un rato de móvil» ni «si no lo haces, no lo tendrás». Es absolutamente contraproducente utilizar el teléfono como premio o castigo.

Descanso

No es productivo estudiar sin pausas. Está empíricamente demostrado que el rendimiento mejora con descansos. El cerebro necesita divagar, es su manera de descansar; si no lo hace, inevitablemente, dejará de concentrarse en lo que esté haciendo. Por eso es tan importante que, cuando nuestra hija o nuestro hijo esté realizando trabajo individual, aprenda a realizar ciertas paradas.

La **técnica Pomodoro** es una herramienta que se ha demostrado muy eficaz. Fue creada por el italiano Francesco Cirillo para alternar el tiempo de estudio con el de descanso. Consiste en realizar periodos de estudio de veinticinco minutos (un *pomodoro*) sin distracciones. Pasado ese tiempo, se efectúa una pausa de diez minutos y luego otros veinticinco minutos estudiando. Así, hasta completar cuatro *pomodoros*, tras los cuales se puede hacer una pausa de quince minutos y repetir el ciclo otra vez.

Para saber los tiempos, emplearemos una alarma de reloj (o, por ejemplo, un temporizador de cocina), nunca el móvil.

Estos tiempos no son estáticos, ya que hay personas cuyo flujo de concentración es superior a veinticinco minutos; por tanto, podemos adaptarlos a nuestras capacidades, incluso mantenerlos por periodos de una hora o dos.

Es importante que experimentes con tus hijos hasta que tengáis una idea aproximada. Si, por ejemplo, tu hija está una hora seguida estudiando, se tomará veinte minutos de respiro.

A estos microdescansos se añadirán otros más prolongados. Para utilizar la herramienta de los *pomodoros* de forma óptima, con anterioridad deberán ordenar el espacio, poner todo en silencio, sacar tecnología de la habitación, tener a mano todo el material para no perder tiempo y marcar qué contenidos estudiará.

También, por ejemplo, **es conveniente que descansen de treinta a sesenta minutos después de comer o cuando llegan a casa**, si comen en el colegio.

Si tras unos días de entrenamiento suena la alarma para comenzar a estudiar y no se levantan, los motivamos a hacerlo y descontamos cinco, diez o quince minutos del tiempo de tele del día siguiente (o de la actividad que estimemos oportuna). Esta norma debe quedar muy clara, escrita y firmada en un lugar visible.

En el tiempo de descanso no se podrán utilizar ni el móvil, ni el ordenador ni el iPad... La televisión solo en el descanso de la comida o de la merienda.

Por último, destacar que hay que ser especialmente cuidadosos con el descanso nocturno. Los escolares deberían acabar sus deberes, como muy tarde, unos cuarenta y cinco minutos antes de irse a dormir.

«No quiero hacer los deberes»

Si no quieren hacer los deberes, lo primero que tenemos que averiguar es la causa. Será de gran ayuda hablar con tutoría. Seguramente, te darán claves para analizar la situación.

Si existe alguna dificultad de aprendizaje, pide ayuda profesional. Si es simplemente que se resiste, explícale que los deberes no son negociables y, si no los hace, habrá consecuencias. Si es necesario suspender privilegios, hazlo con firmeza, cariño y de forma razonada. **No ofrezcas premios ni regalos para convencerlo.**

Hacer los deberes de forma autónoma (con tu acompañamiento hasta que aprenda) es una de sus responsabilidades diarias y los tendrá que hacer sí o sí (a no ser que ocurra algo excepcional). Debe saber que es necesario evitar conflictos diarios que desgastan las relaciones familiares.

Si sigue en sus trece de no trabajar cuando llega a casa por la tarde, te invito a utilizar la siguiente estrategia:

1. **Describe el conflicto.** «Hijo, tenemos un problema con los deberes y lo tenemos que solucionar».
2. **Expresa tus emociones.** Sin agredirle verbalmente, comunícale cómo te sientes cada tarde cuando no quiere sentarse a trabajar: «Me siento fatal discutiendo contigo todos los días», «Me frustra mucho no conseguir que te pongas a hacer tus tareas solo y a tu hora».
3. **Pide en qué quieres que cambie.** «Te pido, por favor, que te pongas a estudiar sin discutir cada día a la misma hora», «Vamos a hacer un pacto y lo vamos a escribir en un papel. ¿Te parece bien?». Seguramente tendrás que negociar. Si te pide empezar quince minutos más tarde, dile que sí siempre que sea posible. Se implicará más si «se ha salido con la suya».

4. **Establece consecuencias si no cumple la norma.** Piensa las consecuencias detenidamente y con antelación. Recuerda que vas a ser muy firme con lo que le comuniques. No te pases de la raya, deben ser proporcionadas y sensatas. Al principio, mientras está aprendiendo, si se olvida de hacer los deberes como habéis negociado o de levantarse en el mismo momento en que suene la alarma, pregunta: «¿Qué pone en nuestro pacto?», «¿Has escuchado el temporizador?». Si se pone a trabajar inmediatamente, no apliques la consecuencia. Debes esperar un tiempo prudencial hasta que aprenda. Nuestro fin no es castigar, sino que interiorice el hábito progresivamente.
5. **Agradece que te escuche y su intención de cambiar.** Reconoce sus esfuerzos con tu gratitud: «Muchas gracias por haberme escuchado».

No olvides que es más cómodo tenerte cerca y que hagas los trabajos con ellos. Recuerda que solo debes «revolotear» mientras aprenden. Una vez que haya acabado el tiempo de entrenamiento, como mucho, quédate a su lado diez minutos al principio (para ayudar a organizar) y otros diez al final (para revisar).

Si te pide ayuda puntual en medio del estudio, acércate. Si deja de ser puntual y se repite con frecuencia, le explicas que le quieres mucho, pero que no es posible por las razones esgrimidas en este capítulo.

¡IMPORTANTE!

- Explica para qué sirven los deberes, utiliza los argumentos de las páginas anteriores.
- Razona incansablemente.
- Pon normas claras. Estas normas no son negociables.
- Establece consecuencias razonables.
- Escribe todo para que no se olvide.
- Sé firme, aunque te duela.

Una variante de «no quiero hacer los deberes» es «no tengo deberes». En este caso, pide cita con su tutor o tutora, lo más seguro es que no los haya anotado en la agenda o no tenga ganas de hacerlos. En ambos casos, pon en práctica las estrategias que acabamos de mencionar anteriormente. La idea es educar para el futuro y trabajar la cultura del esfuerzo y perseverancia.

Si es verdad que no tiene deberes, deberá trabajar las asignaturas de la jornada para llevar todos los contenidos al día; así, cuando lleguen los exámenes, solo tendrá que repasar. Con frecuencia me encuentro a menores que van muy bien en Primaria sin estudiar. Viven de las rentas de lo que se dice en clase. Sin embargo, cuando llegan a Secundaria, si tienen que realizar trabajo individual en casa, al no tener interiorizados hábitos de estudio, sus calificaciones dan un bajón.

Por otro lado, hay centros escolares que no mandan deberes por las quejas de madres y padres. Esto no quiere decir que los estudiantes no trabajen en casa. Deben ir desarrollando hábitos de estudio, además de tener todo preparado para cuando lleguen los exámenes. Por tanto, aunque «no tenga deberes», deberá llevar cada día a casa los materiales para trabajar (libros, libretas, etcétera).

EL JUEGO

Antes de pasar al siguiente epígrafe, quiero hacer un inciso para hablar de una importante, necesaria e imprescindible actividad, que nuestros menores practican cada vez con menos frecuencia: el juego libre.

Decía el psicólogo constructivista Jean Piaget (1896-1980) que **el juego es el trabajo de la infancia.** De ahí que todos los jóvenes tengan el mismo empleo: jugar. A través del ensayo, del error y de la repetición aprenderán las habilidades necesarias para convertirse en adultos.

El juego libre es una actividad elegida y dirigida por sus participantes, cuyo objetivo es simplemente lúdico. El juego con cierto grado de riesgo «sensato» (sin la madre o el padre pegados como lapas controlando) es esencial, porque enseña al menor a cuidarse y a cuidar. Tiene que ser un juego libre de verdad, adecuado a la edad y no estructurado por el adulto. Niñas y niños han de aprender sin supervisión (o con una supervisión camuflada) a establecer reglas para el grupo, tolerar los moratones, gestionar las emociones de cada participante, respetar turnos, resolver conflictos y no hacer trampas. Nuestros menores necesitan mucho tiempo de este tipo de juego no dirigido, diametralmente opuesto a las actividades que se desarrollan delante de una pantalla, de los videojuegos y de la televisión.

Como veremos en el capítulo siguiente, está ampliamente demostrado que numerosos menores tienen serios problemas para organizar su horario de estudio y atender sus responsabilidades escolares porque pasan la mayor parte de su tiempo libre pegados a las pantallas. Ni siquiera jugando cara a cara en el mundo real (algo que les aportaría experiencias y cualidades). Están sentados dando a un botoncito, matando marcianos, viendo porno, chateando o quedando con desconocidos.

Algo que me llama poderosamente la atención es la consideración del juego como un premio. Frases como «si terminas los deberes, te llevo al parque», «si doblas tu ropa, te llevaré a jugar al fútbol» se repiten en todas las familias. Es una forma de considerar el juego como algo secundario, algo sin valor de lo que se puede prescindir. Sin embargo, el juego es la principal vía de aprendizaje de cualquier niña, niño y adolescente. De hecho, la creatividad en Educación Infantil y Primaria está descendiendo de forma significativa por la falta de juego libre.

LOS ROLES FAMILIARES

Siempre me ha producido ternura la típica madraza o el típico padrazo dispuestos a enfrentarse con quien haga falta, en la escuela, el instituto o incluso la universidad, para defender que su retoño estudia mucho y decir que no entiende por qué suspende o saca malas notas. Madres y padres que sobreprotegen desmedidamente a sus criaturas y piensan que esa es la mejor estrategia para que sus menores superen los baches, entre otras razones «porque la escuela es su enemiga».

Se lo digo siempre con todo mi cariño: **no es buena idea criticar todo lo relacionado con el ámbito escolar** (profesorado, deberes, colegio...), y mucho menos en casa, delante de tu hija o hijo. Si algo no te gusta, abórdalo en el centro escolar con quien proceda, sin que el menor se entere, y sé siempre una persona objetiva.

No olvides que **los deberes son suyos, no tuyos.** Esas frases tan típicas de los padres como «tenemos mucho que estudiar» o «esta semana tenemos un examen de Química» no favorecen la autonomía del menor, pueden hacerle pensar que no es capaz y, sobre todo, lo liberan de sus responsabilidades.

No intentes suplantar al profesorado. Tu tarea es enseñar valores, no contenidos. Si tu hija o hijo, con frecuencia, no entiende algo o comete errores, debe saberlo quien imparte la asignatura. No corrijas..., tu función no es que lleven los trabajos perfectos.

Ningún docente «suspende» o «pone malas notas» por no hacer parte de los deberes de forma esporádica (lo que no quiere decir que por sistema se utilice el argumento de «no lo entendía» para llevar el trabajo sin hacer). Un docente intuye con facilidad quién se esfuerza y quién no. Si un estudiante no suele entender y no lleva habitualmente las tareas hechas, algo está fallando. Hay que averiguar qué es.

Debes estar cerca (no encima). Tu hija o hijo debe notar tu presencia en casa. Supervisa a distancia (enseñando técnicas de estudio, organización, orden, tiempos...) y evita en lo posible la intervención directa.

No intentes manipular a tu hija o hijo para que estudie lo que te gustaría a ti o la profesión de la saga familiar. Debe hacer lo que le guste, aunque no tenga salida o te parezca un error. Seguro que tiene un talento, unas habilidades y unos gustos propios: respétalos y ayúdalo a desarrollarlos. Valora lo que es excepcional en él, su esfuerzo y su perseverancia. No deberíamos perder ningún talento por unas ideas preconcebidas.

Por último, deseo hacer una pequeña reflexión sobre el **reparto de responsabilidades entre madre y padre.** Conseguir que nuestros menores sean responsables y autónomos y que interioricen hábitos de estudio exige un enorme trabajo diario después de la jornada laboral y doméstica. Exige altas dosis de paciencia, amor y dedicación. Sería necesario negociar con tu pareja cómo vais a hacer el reparto de funciones. Es un hecho que, con frecuencia, suele recaer sobre las espaldas de la madre, sobrecargando más aún sus rutinas diarias.

Yo soy deportista. Cada día voy al gimnasio de siete a ocho de la mañana. Algunos fines de semana, voy a clases dirigidas. Entre semana, la proporción de mujeres y hombres es muy similar. Sin embargo, los fines de semana apenas hay mujeres, y las pocas que estamos somos mujeres mayores con hijos crecidos. ¿Dónde están las demás? Me cuentan que en casa, cuidando a sus hijos, poniendo lavadoras, tendiendo y preparando comidas. En las conferencias, las madres se quejan de que enseñar hábitos de estudio es una tarea que exige un tiempo y dedicación que no tienen. «No puedo con todo. Al final los hijos son de las madres —me decía una mujer el otro día—. ¿No trabajo igual que mi pareja? ¿Por qué tengo siempre más cosas que hacer que mi marido? Estoy harta, a mí también me gustaría ir al gimnasio». «La conciliación es mentira, somos nosotras las que nos sacrificamos... Me encanta mi trabajo, estoy en un buen momento, pero me he tenido que pedir una reducción de jornada. Cuando vuelva, veremos...», me contaba la ejecutiva de una empresa en la que estuve impartiendo una conferencia.

Dicho de otra manera: la maternidad es vista como un problema, y no como una oportunidad. Y probablemente estas mujeres tengan razón —de hecho, a mis conferencias suelen venir casi siempre madres—. Una vez que hemos parido, la supuesta igualdad se evapora por completo, si es que antes existía. Sé que ahora alguien me dirá: «Lo hago porque quiero, nadie me obliga», como las mujeres del movimiento de hipermadres tan de moda en la actualidad, que sublima la maternidad «como lo más importante que puede hacer una mujer». Pero esa no es la generalidad. Lo hacemos porque no hay equipo a la hora de criar, porque no tenemos objetivos claros, ni la comunicación adecuada, ni empatía ni unos roles establecidos desde la equidad. **El verdadero poder está en ir juntos y que cada uno haga lo que más le guste o se le dé bien, de forma justa y ecuánime. El poder está en definir los roles equilibradamente.**

La idea no es ir pedir a la pareja que se siente con el niño y le explique cómo se hace una lectura comprensiva, porque tú tienes mucho trabajo. La idea es que tu pareja haga su parte y tú la tuya de forma autónoma, que cada uno asuma la carga mental que le corresponde. Los hombres tienen el gran privilegio de elegir si quieren responsabilizarse o no. Si quieren, todo el mundo pensará que son «buenos padres y mejores parejas, dignas de alabanza», cuando en realidad están haciendo lo que deben. De igual manera, a las mujeres se nos inculca la injusta idea de que somos tan afortunadas si nuestra pareja asume su responsabilidad que deberíamos estar eternamente agradecidas, hacerle un monumento y pagárselo en especie.

La familia es como una empresa con dos socios. ¿Sería normal que un socio esperara cada día a que el otro le dijera qué debe hacer? ¿Sería lógico que se quedara un día tras otro, tras su jornada laboral, a hacer lo que su socio no ha hecho, porque no ha «caído», no le ha dado la gana o tiene un partido de pádel?

La corresponsabilidad empieza por asumir nuestra parte en relación con el tiempo que dedicamos a la educación de nuestros menores. Lo ideal es que lo referente a los hábitos de estudio lo gestione uno de los dos. Si lo asumes tú, hazlo sin que nadie te lo tenga que recordar cada día. Tu hija o hijo se lo merece.

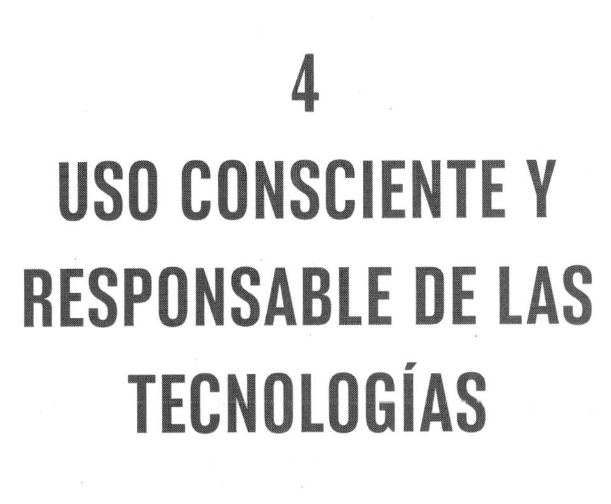

4
USO CONSCIENTE Y RESPONSABLE DE LAS TECNOLOGÍAS

¿ES POSIBLE EDUCAR SIN PANTALLAS?

Con frecuencia me preguntan si sería posible educar sin pantallas. Posible es, pero reconozco que puede ser complicado. No te voy a engañar. Estamos rodeados de tecnología, los adultos la usamos en el día a día y, como es lógico, los menores la quieren utilizar también.

En la mayoría de las familias trabajan ambos progenitores: estamos desbordados, con sobrecarga de tareas, poco tiempo y estrés. Llegamos a casa muertos de cansancio y no tenemos ganas de conflictos. A veces se hace difícil llegar a todo y recurrimos a las pantallas como comodín fácil y accesible.

De hecho, cuando salgo de mi círculo cercano y acudo a cenas, eventos, reuniones de trabajo... es común que la conversación gire en torno a los conflictos constantes con los menores por el uso de pantallas o el peligro que supone internet por el acceso a pornografía o a las redes sociales, que alienta prácticas de riesgo, violencia, desigualdad y jerarquías de poder.

Creo que ha llegado el momento de coger el toro por los cuernos y afrontar con valentía el uso que están haciendo tus criaturas de los dispositivos tecnológicos.

Es importante que sepamos que **nuestro cerebro no está preparado para vivir entre pantallas, especialmente durante la infancia y la adolescencia.** Está diseñado para vivir en el mundo real. Para que nos hagamos una idea: exponer el cerebro de un menor a dispositivos digitales es como meterlo durante horas en una montaña rusa, dando vueltas a velocidad extrema. Sabemos que las pantallas son perjudiciales para un óptimo desarrollo cerebral.

Está ampliamente demostrado que nuestros menores aprenden a través de la experiencia. Hasta los seis años aproximadamente, el cerebro no está maduro para prestar atención de forma consciente. Solo lo hacemos ante aquellos estímulos que atrapan nuestra atención inconscientemente, como sonidos, luces o movimiento.

¿Qué es una pantalla? Una fuente inagotable de luces que parpadean durante segundos, movimientos rápidos y sonidos que secuestran la atención.

¿Recuerdas que en el capítulo 1 y 2 hablábamos de que el cerebro madura de atrás hacia delante? La última zona en madurar es la corteza prefrontal, que empieza a hacerlo a partir de los doce años aproximadamente. Si antes de esta edad exponemos a nuestras hijas e hijos a pantallas, su corteza prefrontal va a tener complicado madurar de forma adecuada. Las investigaciones ponen de manifiesto la larga lista de efectos nocivos: físicos, emocionales, cognitivos e intelectuales. Además, todos estos daños tendrán un impacto en los resultados académicos. Es más, parece que las actividades digitales con fines didácticos que se pusieron tan de moda sobre todo desde la pandemia tampoco son especialmente beneficiosas.

Por si esto fuera poco, la **adicción al móvil** es comparable a la de las drogas, la única diferencia es que la del móvil está socialmente aceptada. Los circuitos neuronales por los que transita la información son los mismos. Dejar una pantalla sin control es igual que dar una pizquita de coca o un porro de marihuana para que una niña o un niño se calme o se entretenga. A partir de los dieciséis o diecisiete años, el menor ya puede ser más consciente de lo que hace y es capaz de empezar a controlar sus impulsos. Así que, cuanto más tarde, mejor.

Muchos adultos que empezaron a usar la tecnología de mayores miran el móvil de forma compulsiva, aunque no haya sonado. Revisan la hora, la temperatura, los mensajes, los «me gusta»..., van de una cosa a otra dando tumbos y frecuentemente se pierden por el camino. Si esto les ocurre a los adultos que se criaron sin tecnología, ¡imagina qué le puede ocurrir al cerebro inmaduro que empieza a usar pantallas en la infancia para entretenerse o aprender en el colegio!

> Necesitamos concienciar a la sociedad y establecer normas de uso correcto. Los poderes públicos, la escuela, las familias y los profesionales de la educación y de la salud debemos trabajar juntos para que las pantallas vuelvan a ser objetos beneficiosos. Nuestros menores tienen que crecer sabiendo que la tecnología es buena si la usamos bien.

Según datos del Instituto Nacional de Estadística (INE) de 2023, entre otros muchos estudios, en España, con trece años, el 88 por ciento de chicas y chicos tienen móvil propio; con quince años, lo tiene el 95 por ciento. A medida que avanza la edad, aumentan estos porcentajes.

Pero el problema no es «tener móvil». Es el tiempo y el tipo de uso lo que genera graves problemas. Así, el consumo de dispositivos digitales durante el tiempo de ocio es absolutamente irracional entre nuestros menores. En los países occidentales, de media:

- Entre los cero y dos años, casi un 50 por ciento de los menores ven pantallas a diario.
- Entre los dos y los seis años, pasan dos horas diarias delante de pantallas. Una cuarta parte del tiempo diario que están despiertos y casi el mismo tiempo que pasan jugando al aire libre, y tres veces más tiempo del que pasan leyendo o escuchando lo que alguien les lee. Además, se ha podido comprobar que saben encender solos los dispositivos,

elegir los programas que van a ver y cambiar de canal o aplicación.

- Entre los siete y los doce años, están delante de las pantallas casi cinco horas al día, una tercera parte del tiempo que están despiertos.
- Entre los trece y los dieciocho años, un 15 por ciento consume más de siete horas diarias. Uno de cada tres usa pantallas hasta medianoche o más tarde y admite adicción a alguna red social.

En conjunto, nuestros menores emplean más tiempo en ver la televisión o jugar con el móvil que haciendo cualquier otra actividad.

El panorama mundial no es mejor. Un 75 por ciento de la población mundial afirma tener dependencia al móvil. En España, el 21,3 por ciento de los adolescentes padece adicción a las tecnologías. La media de Europa se sitúa en un 12,7 por ciento. Llama la atención que algo tan útil para comunicarse pueda convertirse en enfermedad por falta de límites y autocontrol.

La gravedad de estas cifras ha llevado a hablar de la necesidad de **generar entornos digitales saludables y seguros** para los jóvenes, regulando y educando, al igual que se hace con el alcohol, el tabaco y las drogas. Si estas sustancias están sujetas a normativas, ¿cómo es posible que no lo estén las redes, con lo adictivas que son?

Recuerdo cuando se empezaron a poner carteles de «fumar mata». No olvido cuando comenzaron a restringirse lugares donde se podía fumar y se prohibió hacerlo dentro de establecimientos, parques infantiles, los andenes del metro... Parecía impensable que se consiguiera. Se decía que los bares y los restaurantes tendrían que cerrar, que no se iba a conseguir, pero no ha sido así.

Los poderes públicos tienen que legislar, ya que las familias solas, sin apoyo institucional, lo tienen muy complicado. Es nuestra responsabilidad proteger la seguridad y el equilibrio emocional de nuestra prole, independientemente de su posible reacción adversa, de su enfado o de sus exigencias.

En algunos entornos se habla de que no debería estar permitido el acceso a las redes sociales antes de los trece años; en otros, antes de los dieciséis; y en otros (y yo me incluyo en estos), antes de los dieciocho. Si una chica o un chico tiene asumido que no puede conducir antes de esta edad, tendrá que asumir que no puede entrar en TikTok por sus potenciales peligros.

Los menores no se van a «romper» ni a frustrarse de por vida. Prohibir a una niña, un niño o un adolescente el acceso a contenidos inseguros no lo va a colocar en una situación de desventaja de cara a su futuro, no va a frenar su capacidad para buscar información o trabajar en equipo el día de mañana. Tampoco le impedirá aprender ni mejorar sus competencias en lectura o matemáticas ni sus resultados académicos.

Igualmente, considero que las pantallas deberían estar prohibidas en los centros escolares en todas las etapas por los numerosos riesgos que conllevan (entre ellos, el acoso escolar, que abordaré en mi próximo libro).

Si la ley es clara, ningún menor será «el raro». Si educamos desde la infancia en el uso consciente, crítico y responsable, evitaremos el actual impacto perverso sobre la salud mental de jóvenes y adolescentes. No hablo de demonizar la tecnología, sino de reconocer el derecho de un menor a tener su cerebro formado antes que nadie coloque un artilugio digital entre sus manos. **Como sociedad, necesitamos un código ético de uso.**

EL PAPEL DE LAS PANTALLAS EN LA VIDA FAMILIAR

Desde que nacen, muchos, demasiados menores, tienen contacto con la tecnología, bien para «aprender» o bien para que estar entretenidos. Todavía me encuentro a madres y padres que piensan que un móvil es lo mejor que pueden ofrecer a sus retoños para que «sean más listos» (es una cita textual de mi cuaderno de campo). Igualmente, es una buena «niñera» cuando necesitamos tenerlos «tranquilos».

Sea por una razón u otra, el uso de pantallas es absolutamente desproporcionado y, además, con el beneplácito de los progenitores. Algo que tiene toda la lógica, porque, hasta hace poco tiempo, la prensa y las empresas de comunicación han difundido que favorece el desarrollo de un sinfín de capacidades de niñas, niños y adolescentes.

Aunque la realidad es muy distinta: tienen efectos nocivos en todos los pilares del desarrollo: físico, emocional, cognitivo, en las relaciones interpersonales, en el aprendizaje y en un largo etcétera. Y lo peor, sabemos a ciencia cierta que los daños cerebrales por la sobreexposición a las pantallas tiene bastante en común con otras drogas duras (cannabis, cocaína, etcétera).

Es un hecho constatado que todo lo que hacemos, repetimos, vivimos o experimentamos modifica la estructura y el funcionamiento de nuestro cerebro. Es lo que llamamos *plasticidad cerebral*. Sin embargo, que el cerebro sufra un cambio no significa que ese cambio vaya asociado a algo positivo, como el aumento del coeficiente intelectual, de la capacidad de lenguaje, de la atención o la creatividad. En definitiva: no mejorarán sus aptitudes.

Tampoco se ha observado que los menores que pasan horas delante de la tele o de los videojuegos desarrollen habilidades relacionadas con el pensamiento complejo y los «saberes escolares» (remito al capítulo 3 de este libro). Lo único que se ha observado es que, durante la infancia y la adolescencia, las ganas de estar más tiempo delante de pantallas se disparan. Algo que resulta muy peligroso por la máxima vulnerabilidad para la adquisición de adicciones y por ser etapas cruciales para el desarrollo de la corteza prefrontal.

Estar delante de videojuegos o de pantallas impide que un menor juegue o se relacione con su entorno. Y ya sabemos que a través del juego libre se desarrollan la psicomotricidad y las capacidades intelectuales, sociales, afectivas y emocionales. Esto quiere decir que, sin lugar a dudas, las pantallas (incluida la de la televisión) son perjudiciales durante toda la infancia y adolescencia. Que no nos engañen con franjas de edad: son dañinas para todas ellas.

¿Quiere decir esto que nuestras hijas e hijos no pueden estar delante de una pantalla hasta que salgan del instituto? No, **a partir de los seis años podemos ser más permisivos con las pantallas no interactivas,** como la televisión, donde podrán ver dibujos animados, películas o documentales cuidadosamente elegidos durante un tiempo limitado y con un adulto presente. Tendremos especial cuidado con la programación infantil cargada de violencia, sexismo, sexualización, estereotipos de género, consumo de sustancias peligrosas, incitación a la ludopatía y un largo etcétera.

Si te das cuenta, he escrito «durante un tiempo limitado». Y es que la Organización Mundial de la Salud ya reconoce la adicción a las pantallas como un trastorno mental. Si además lo que se ve es violento, la sobreexposición favorecerá la aparición de irritabilidad, actitudes y pensamientos agresivos durante la infancia, adolescencia y adultez.

Bajo ningún concepto podemos permitir que un menor esté delante de vídeos o programas donde se asesina, desmiembra, viola, maltrata, decapita, sangra, grita o pide clemencia un ser humano (con mucha frecuencia mujeres). Y te aseguro que, cuando voy a impartir conferencias a los institutos y les pregunto qué ven, a qué juegan y cuánto tiempo, lo que me cuentan es preocupante.

La sobreexposición diaria a corta edad (más de treinta minutos) tiene consecuencias nefastas para el desarrollo infantil, y se relaciona con mayores índices de fracaso escolar, más dificultades a la hora de tomar decisiones o de concentrarse, de ser perseverantes y pacientes, así como con hiperactividad y problemas en la gestión emocional. Aunque no hay consenso, cada vez más personas de ciencia del campo de la pedagogía, la psicología, la pediatría y la neurociencia desaconsejamos el uso de pantallas interactivas a menores de diez años.

Sé que no es fácil cambiar las rutinas familiares, ya que los dispositivos digitales tienen un poder de atracción enorme, pero sería lo recomendable. Quizá te tengas que plantear modificar el papel de las pantallas en tu vida y la de tus hijos. Va a ser un gran esfuerzo, pero merece la pena.

PANTALLAS PARA PACIFICAR LAS EMOCIONES: EL CHUPETE TECNOLÓGICO

Me sorprende estar en un restaurante y ver a un niño ensimismado con su iPad, mientras su padre trata de atinar con la cuchara dentro de su boca abierta. Me impresiona ver a una niña tranquilamente sentada en una sala de espera, mientras sus deditos se mueven ágilmente por el teléfono de su madre buscando vídeos o haciendo *scroll*.

El otro día, recién sentados en un restaurante, entró una

pareja con dos niñas de unos cuatro y seis años. Nada más tomar asiento, sacaron de forma automática sus teléfonos móviles, pusieron una película a cada una y pidieron la bebida. No hablaron con sus hijas de lo que podrían pedir, no miraron juntos la carta, no les dieron la opción de observar a su alrededor..., no dieron a sus hijas la posibilidad de aburrirse como ostras, ni les permitieron poner caras largas mientras llegaba su plato de comida. Les evitaron todas las emociones que, tan positivamente, podrían haber vivido mientras esperaban con impaciencia.

La madre y el padre estaban físicamente cerca, pero no disponibles. Las hijas estaban anestesiadas con los móviles. Cuando llegó la comida *infantil* (otra costumbre que deberíamos revisar), les fueron metiendo el tenedor en la boca a cada una sin decir una palabra.

No estoy juzgando a la pareja, estoy analizando la situación con arreglo a las posibles consecuencias a corto, medio y largo plazo si esta dinámica se repite frecuentemente.

Aquí tenemos un ejemplo perfecto de lo que llamamos el *chupete tecnológico*. Se trata de un comportamiento extendido que me preocupa bastante, porque elimina tiempo de conexión con nuestros hijos, al tiempo que les dificulta sentir emociones desagradables (asco, tristeza, miedo, rabia, ira...), tan necesarias como las agradables (felicidad, placer, alegría, curiosidad, tranquilidad...).

Cuando tu hija o hijo, por ejemplo, muestra una emoción de defensa (grita, llora, tiene una rabieta), la manera más cómoda de acabar con la situación desagradable es darle un *pacificador de emociones*. La más incómoda es ponerse a charlar de forma calmada, abrazarlo, explicarle por qué no pude hacer tal cosa o jugar para entretenerlo.

Ten en cuenta que si cuando tu hija o hijo monta un pollo le das una pantalla, en el cerebro se producirá una asociación neuronal (sinapsis). Entonces, cada vez que el menor quiera algo y no lo pueda conseguir, el cerebro le dirá «haz una trastada», «pórtate mal» o «monta un numerito». El cerebro es muy listo y sabe cuál será la recompensa. No podemos permitir que durante la infancia y la adolescencia se salgan con la suya. Si los menores interiorizan que armar escándalos es eficaz, acabarán generalizando esta conducta, y luego será más difícil corregirla en un futuro.

Los chupetes tecnológicos no calman, evitan que niñas y niños tomen conciencia de la emoción y la gestionen y aniquilan la comunicación.[8]

Un niño calmado a base de pantallas tendrá baja autoestima, serias dificultades para regular sus emociones, exigirá inmediatez y no sabrá esperar pacientemente.

Está ampliamente demostrado que es contraproducente usar pacificadores de emociones en las siguientes situaciones:

- En la vida cotidiana (mientras comen, los vestimos, esperamos sentados a que nos traigan la comida o esperamos en la consulta de pediatría).
- Cada vez que tienen que esforzarse. Si les ponemos el iPad cuando tienen que hacer un esfuerzo, su cerebro hará una asociación muy negativa: «Para esforzarme, me tengo que distraer con una pantalla»; «Si no tengo pantalla, me aburro, me entretengo, no me concentro y no me esfuerzo» (ni en el cole, ni con el libro, ni con nada).
- Para que se relacionen. Se ha podido comprobar que un menor acostumbrado a los estímulos rápidos y acelerados de las pantallas prefiere estar delante de ellas antes que jugar con otros niños.
- Para que se calmen. Dar el móvil para que se tranquilicen o no lloren es anestesiarlos. De este modo, se impide que aprendan a conectar con lo desagradable, a sentir miedo, tristeza o a aburrirse. Como ya he indicado, les estamos impidiendo desarrollar mecanismos internos para gestionar sus emociones. Cuando aprenden a calmarse por mecanismos externos, será lo que siempre buscarán. Y si no tienen al alcance un móvil, podrán utilizar el alcohol, las drogas o la comida.

Los chupetes tecnológicos son bastante eficaces para «calmar» momentáneamente al menor, pero no son nada educativos.

EL MITO DEL NATIVO DIGITAL

Los nativos digitales no existen. Has leído bien: los nativos digitales no existen. Ya sé que desde hace un tiempo se repite este concepto ideado por el pedagogo americano Marc Prensky. Desde su punto de vista, en la actualidad los bebés nacen con «capacidades digitales» especiales. Sin embargo, el cerebro de un bebé actual no difiere en absoluto del de uno nacido en el siglo XIX. Y es que los cerebros recién nacidos no han variado en los últimos cincuenta mil años.

El hecho de que niñas, niños y adolescentes puedan hacer un uso intuitivo de las pantallas, sobre todo de las redes sociales y de los videojuegos, no significa que tengan capacidades excepcionales ni que sepan utilizar de forma innata esas herramientas. Se refiere más bien a la capacidad de los fabricantes para generar artilugios atractivos, de fácil uso.

Con frecuencia me encuentro a madres y padres que se creen la leyenda de que sus criaturas tienen un cerebro con habilidades especiales por haber nacido rodeados de pantallas. Cuando les pregunto sobre estas, generalmente no saben qué decir. Como mucho, me cuentan que son buenas para usar aplicaciones digitales básicas, como redes sociales, videojuegos, comercio electrónico, vídeos y series.

Sin embargo, buena parte tiene dificultades a la hora de realizar operaciones informáticas rudimentarias, como configurar la seguridad de sus terminales, utilizar programas estandarizados de ofimática (procesadores de textos, hojas de cálculo...), cortar un archivo de vídeo, realizar copias de seguridad y, sobre todo y más importante, para razonar sobre la inmensidad de datos que se almacenan en internet. Tampoco tienen ni idea de sus derechos y deberes digitales, y no tienen criterio a la hora de buscar información en la red.

Y es que quizá nadie se ha preocupado por enseñárselo. Colocamos un aparato digital en sus manos y creemos que ya está todo hecho, pero no. La educación digital ha de tener lugar, sobre todo, en casa, empezando por la adquisición de las competencias pertinentes. Nuestros menores no necesitan aprender a usar dispositivos tecnológicos desde la infancia. Cuando llegue el momento, aprenderán rápido. Las pantallas han sido diseñadas para que su uso sea tan fácil como el del cepillo de dientes.

Las niñas y los niños tienen que aprender desde la desconexión y desde el mundo real para que cuando estén maduros puedan empezar a profundizar en el universo digital.

El mito del desarrollo lingüístico y cognitivo

Tengo una mala noticia: no hay consenso sobre si el uso de pantallas favorece el desarrollo lingüístico y cognitivo, el rendimiento escolar, las habilidades sociales... Por un lado, existen investigaciones y divulgadores que los vinculan a la mejora de capacidades de los menores. Argumentan que la tecnología es una herramienta vital y que privarlos de su uso podría tener consecuencias negativas para su futuro.

Por otro lado, numerosos equipos científicos señalan los efectos negativos y denuncian sin paliativos que detrás de las investigaciones que hablan de las bondades del uso de pantallas hay suculentos intereses económicos, mantenidos por grandes multinacionales audiovisuales y digitales.

Según el informe de la Unesco de 2023[9] sobre educación y tecnología que revisa las políticas educativas de más de doscientos países del mundo, y el *Informe PISA* de 2022,[10] existe una relación negativa entre el uso excesivo de tecnología y rendimiento intelectual.

Desde el momento del nacimiento, los bebés muestran habilidades sociales, cognitivas y lingüísticas que se desarrollarán, de un modo u otro, según el entorno que los rodee: más pantallas o más tiempo con personas, sobre todo, mamá y papá. La reacción de un bebé difiere enormemente cuando ve (físicamente) a su madre sonreír o cuando la ve sonreír en un vídeo. En la escuela ocurre algo parecido. No es lo mismo aprender con profesorado de carne y hueso que con una máquina.

Independientemente de las investigaciones que lo demuestran, toda persona que haya trabajado con menores (como yo) sabe que un estudiante aprende más cuando quien enseña es una persona. He dicho «aprende más», no «está más entretenido y tranquilito».

Un bebé nace preparado para conectar emocionalmente con los demás. Incluso, antes de controlar esfínteres o saber andar, se comunica con su entorno. Sin embargo, como muestra la evidencia empírica, la mitad de los progenitores encuestados reconocen que se distraen con su teléfono móvil cuando están en presencia de sus hijos.[11]

Cuando los menores empiezan a hablar, surgen enormes posibilidades de conexión. Estar en compañía de personas (en clase o en casa), con interacciones de calidad, dispara las probabilidades de comunicación, lo que favorece el desarrollo motor, social, cognitivo y lingüístico. Imagina a una niña que está diariamente una o dos horas delante de una pantalla (o más, si su casa es de las que tienen siempre la tele encendida). ¿Cuántos diálogos se perderá? La madre y el padre miran, sonríen, tocan, responden, corrigen, repiten, motivan para que el bebé imite y se adaptan a lo que sabe. Las personas de un vídeo, no.

En la infancia y la adolescencia, nuestras hijas e hijos necesitan humanos a su lado para desarrollar su lenguaje y su intelecto. Educar es difícil y muy pesado. Exige esfuerzo y entrega, y ninguna máquina lo puede sustituir.

Cuando estoy en algún lugar con la televisión encendida, por mucho que me esfuerce en no mirar, se me van los ojos, porque el cerebro está preparado para responder a los estímulos repentinos y cambiantes. Piensa, por ejemplo, en una niña que no tiene ese poder de autocontrol y que todo le llama la atención. A la fuerza dejará de atender a la conversación y (como hacemos todos) desconectará, dejará de interactuar y se concentrará en los sonidos y colores llamativos de la televisión. Y eso interferirá en buena medida en el desarrollo de su lenguaje.

Una investigación llevada a cabo en Estados Unidos con menores de tres a cinco años concluyó que el uso de pantallas superior a una hora diaria se asocia con un menor desarrollo del lenguaje y las funciones ejecutivas. Y ese tiempo es muy inferior al que sabemos que suele pasar un altísimo porcentaje de menores de esta edad.[12]

En la misma línea se sitúan las conclusiones del estudio realizado por el Departamento de Pediatría del Hospital de Boston.[13] En él se analizaron cincuenta y cinco familias con niñas y niños pequeños que estaban cenando en restaurantes de comida rápida. Los resultados mostraron que tres de cada cuatro adultos progenitores no hablaban a sus criaturas, no las entretenían contándoles cuentos y usaban el móvil repetidamente, prestando poca atención a los pequeños mientras comían. Algo verosímil, porque, como hemos comentado, el cerebro no está preparado para la multitarea.

Lo más interesante fue que cuanto más distraídos estaban los mayores con sus teléfonos, peor se portaban los menores. Recurrían a todo tipo de trucos: tirar comida, tener un berrinche, levantarse de la silla e ir a otras mesas a molestar para llamar la atención. Sin embargo, los progenitores no dejaban los móviles, no hablaban a los pequeños. Al contrario, se mostraban más irritables y enfadados.

Cuantos más trabajos empíricos analizo, más coincidencia encuentro en sus conclusiones: el consumo de pantallas (televisor, tableta o videoconsola) durante la infancia y la adolescencia influye negativamente en el desarrollo de habilidades verbales en la lengua materna y extranjera y en la evolución intelectual en general.

LAS PANTALLAS PERJUDICAN EL RENDIMIENTO ACADÉMICO

Hace unos meses, en un instituto donde impartía una conferencia sobre tecnología, expliqué, como hago siempre, que la literatura científica ha demostrado, sin fisuras, que las pantallas usadas como ocio (televisión, videojuegos, teléfono, tableta u ordenador) perjudican el rendimiento académico.

Como suele ocurrir, alguien del público saltó: «Mi hija está todos los días dos o tres horas con alguno de esos dispositivos y saca muy buenas notas, ¿no será que estás un poco trasnochada?». Creo que sonreí levemente, me he visto en una foto que me hicieron. *Trasnochada* y *anticuada* son calificativos a los que me he ido acostumbrando porque los he recibido en numerosas ocasiones.

Esperé para responder, suelo hacerlo con este tipo de intervenciones. Mientras, respiré hondo, sonreí y miré al resto de asistentes. Pasados un par de minutos, argumenté despacio, con la idea de que el padre se enterara. Tengo siempre preparada la siguiente cita: «Si no tienes datos, solo eres una persona más con una opinión», de Andreas Schleicher.

Es decir, cuando los datos están fundamentados en trabajos empíricos, no tenemos en cuenta la casuística personal. Así que respondí: «Aunque su hija, y quizá algunas más, tengan buen rendimiento chateando, jugando a videojuegos o viendo la tele varias horas al día, con toda seguridad tendrán otro tipo de desgaste. Uno de ellos, el más común durante la adolescencia, suele ser el de las relaciones sociales con sus iguales». Fue honesto en su respuesta (no suele ser así). En efecto, este era el caso de su hija.

Otro elemento que tener en cuenta es que la influencia sobre el rendimiento no es solo a corto plazo, como solemos creer; también lo es a largo plazo. Se ha constatado un aumento del abandono escolar entre aquellos adolescentes que utilizaron diariamente pantallas cuando transitaban por la primera infancia. Y es que el tiempo no es infinito.

Obligatoriamente, el uso de tecnología (consola, videojuegos, teléfonos inteligentes o televisión) «consume» un tiempo que deberá restarse a otra actividad, como podrían ser el juego, la lectura, las interacciones intrafamiliares, el sueño y el estudio, todas ellas directamente relacionadas con el rendimiento académico.

No podemos olvidar tampoco que el uso diario «¿moderado?» de dispositivos (entre treinta y sesenta minutos, según algunas recomendaciones de dudosa calidad) influye directamente sobre la capacidad de atención, asimilación y memorización de contenidos y sobre la gestión de la frustración, la ansiedad, el autocontrol y el estrés. La evidencia es clara: cuanto más aumenta el consumo digital —ya sea lúdico o académico— durante la primera y segunda infancia (hasta los doce años), más dispersión sufren niños y niñas, más multitarea realizan y peores son sus resultados académicos.

Nuestros menores deben desarrollar su psicomotricidad fina escribiendo a mano.[14] Sus habilidades matemáticas, haciendo cuentas. Sus capacidades lingüísticas, redactando, conversando y debatiendo; y las de autorregulación, con la necesaria disciplina para respetar las normas.

Todas las personas que hemos estado en contacto con niñas, niños y adolescentes durante muchos años sabemos que los que han aprendido a escribir con un teclado tienen más dificultades para aprender a leer, escribir, comprender y memorizar.

La Organización para la Cooperación y el Desarrollo Económico (OCDE) ha reconocido recientemente que, a pesar de las considerables inversiones en programas informáticos educativos, existen pocas pruebas sólidas de que un mayor uso de ordenadores en clase y casa garantice una mejora de las calificaciones del alumnado. Lo que sí las garantiza es intensificar la formación del profesorado y mejorar las aptitudes de lectoescritura y matemáticas de los estudiantes.

La tecnología distrae e interrumpe la comprensión y el aprendizaje. Cuando tenemos cerca distractores (como son las vibraciones, los sonidos o las luces de las pantallas), nos desconcentramos. Cuando queremos atender otra vez, debemos empezar desde cero, con el consiguiente consumo de energía, rendimiento y tiempo. La literatura científica es indiscutible: la incorrecta exposición a pantallas tiene un efecto negativo sobre el rendimiento. Para aprender es necesario atender, concentrarnos y recordar. Y no podemos hacerlo si estamos ocupados con luces, sonidos y movimiento.

Se repite en exceso que nuestros menores son capaces de hacer varias cosas a la vez. Se dice que son «multitarea». Sin embargo, como ya hemos visto en el capítulo anterior, sabemos que el cerebro no está preparado para la multitarea si está implicada la misma área cerebral. Si llegan varios estímulos simultáneos, el cerebro salta de una a otra, una y otra vez, sin dedicar el tiempo necesario a ninguna. Con la multitarea se obtiene mucha información, pero el cerebro no es capaz de retenerla. Si conduces mientras hablas por teléfono, bajará la atención de una de las dos actividades. Si alumnas y alumnos estudian con el móvil delante mientras miran Instagram, el cerebro perderá la capacidad de memorizar. Si en el colegio se acostumbran a prestar atención a estímulos llamativos, cuando tengan que reflexionar sobre un contenido complicado, les resultará aburrido. Y es que, como me comentan los adolescentes en mis conferencias, «con pantallas todo es más divertido». Pero «más divertido» no es sinónimo de «mejor».

En los últimos años, en España, se ha puesto de moda aprender matemáticas en Infantil y Primaria con aplicaciones de tecnología. Sin embargo, no se tienen datos sobre los posibles riesgos de su uso en edades tan precoces. Lo que sí sabemos es que introducir a temprana edad esas herramientas es un secuestro y una castración del valor de la espera, del aburrimiento, de saber ganarte las cosas sin una recompensa inmediata.

Este dato es muy importante, ya que la Asociación Española de Pediatría ha advertido sobre la necesidad de eliminar las aplicaciones con finalidad educativa,[15] así como los juegos y mecanismos de gratificación inmediata porque generan comportamientos adictivos. De hecho, ha elaborado un documento[16] con numerosa evidencia donde señala que el uso de los teléfonos inteligentes por parte de los estudiantes en las aulas disminuye la atención, y en los espacios de recreo se asocia con menor tiempo de actividad física, menor interés por la socialización cara a cara y mayor riesgo de ciberacoso.

Igualmente, que nuestros menores tengan el móvil al alcance de la mano en clase o en casa mientras hacen los deberes entorpece el funcionamiento cognitivo, incluso cuando permanece inactivo. Autocontrolar la tentación de no mirar si hay otro «me gusta» a tu última publicación consume energía, desconcentra y obliga a empezar de nuevo. Además, como el expresidente de Facebook ha reconocido, las redes sociales han sido diseñadas para mantenernos enganchados, haciendo que nuestro cerebro vaya segregando de vez en cuando un poco de dopamina. Como ya sabemos, en nuestro cerebro existe un potente circuito de recompensa cerebral que nos mueve a repetir determinados comportamientos que nos hacen sentir bien. Y este es el mecanismo de las adicciones...

Las aplicaciones gamificadas —por ejemplo, Innovamat, utilizada en matemáticas en más de 1.723 centros educativos españoles de Primaria— dan un «enhorabuena» inmediato cuando aciertan y la pantalla se va llenando de estrellas. Cuando fallan, no ganan estrella. Además, el profesorado puede proyectar vídeos explicativos con dibujos animados. Si el algoritmo detecta que se están esforzando, reciben estrellas extras. Al finalizar el bloque de ejercicios, acceden a una ciudad virtual donde pueden acudir a una tienda y comprar objetos con las estrellas que han obtenido o divertirse en una feria.

¿Qué diferencia hay entre esta manera de plantear el aprendizaje y un videojuego? ¿Qué tipo de competitividad creará entre los estudiantes? ¿Trabajarán con entusiasmo si no reciben una estrella? ¿Estarán motivados para aprender si no tienen estos estímulos tan llamativos?

Por otro lado, como ya he señalado, su impacto en menores no ha sido aún evaluado. Tampoco sus posibles efectos adictivos, porque, según la propia empresa, «resultaría muy complicado aislar el consumo de pantallas que hace cada menor dentro y fuera de la escuela». En el equipo técnico de Innovamat hay diez doctores en Didáctica de las Matemáticas, psiquiatras y psicólogos, entre otros, que no han tenido en cuenta la advertencia de la Asociación Española de Pediatría sobre la necesidad de eliminar de las aplicaciones con finalidad educativa los juegos, las estrategias de gratificación inmediata o cualquier mecanismo que favorezca comportamientos adictivos.[17]

De igual manera, estas personas «expertas» han desoído las recomendaciones de la pediatra María Salmerón, que junto con otros doctores analizó a petición de la Agencia Española de Protección de Datos una selección aleatoria de aplicaciones educativas para detectar ese tipo de patrones.[18] En sus conclusiones, señalaron que existe un debate científico sobre qué impacto tienen las pantallas en la salud a lo largo de la vida, especialmente en la infancia, «al poder afectar al neurodesarrollo, al aprendizaje, al desarrollo psicoafectivo y a la instauración de hábitos de vida». Como dice Salmerón, «en medicina, cuando se aprueba el uso de un medicamento nuevo es obligatorio realizar estudios experimentales con grupos control para demostrar que el fármaco es mejor que los que ya existen. Además, se hace un seguimiento de los efectos secundarios. En las aplicaciones que afirman tener una finalidad educativa se deberían seguir los mismos criterios, pero esto no se hace».

Lo mismo está ocurriendo con la inteligencia artificial. ¿Cómo es posible que nuestros menores ya la estén usando sin hacer pruebas, sin tener un control individual?

Desde mi punto de vista, como pedagoga y docente, este tipo de tecnología no compensa los posibles riesgos que pudiera implicar. Como hemos visto en páginas anteriores, los menores no tienen desarrollada la parte del cerebro que nos ayuda a pensar antes de actuar, de manera que esta forma de aprender a base de sensaciones inmediatas puede entrar a formar parte de cómo funcionará a partir de ese momento su sistema nervioso.

Por otro lado, como vimos en el capítulo anterior, aprender mediante este tipo de estímulos lucha frontalmente contra cualquier proceso pedagógico que implique esfuerzo. Varios países nórdicos, como Suecia, ya lo ha detectado y han pasado de ser pioneros en introducir tecnología en las aulas a volver a los libros en papel y el sistema analógico.

Abogo por la tiza, el papel, la caligrafía y los libros de texto. Tenemos una crisis de conocimiento en las escuelas. Cada vez me encuentro a más *analfabetos funcionales*. Tenemos que cambiar el rumbo. Soy pedagoga y sé que para que se produzca aprendizaje debe haber una motivación intrínseca, es decir, un impulso que nos mueva a la realización de una actividad concreta —nos haga sentir placer o no—, sin recibir ningún premio a cambio.

Si la motivación es extrínseca, si viene de una pantalla colorida y ruidosa, de un castigo o de un premio, esas ganas de aprender porque sí desaparecen. Ese estímulo intrínseco que nos motiva a realizar una tarea se desvanecerá. Quizá funcione a corto plazo durante un tiempo. Sin embargo, a largo plazo no será de utilidad.

Las pantallas (como los premios y los castigos) no mejoran el aprendizaje. ¿Cómo una herramienta creada para distraer puede ser utilizada para educar?

DAR EJEMPLO EN CASA

Cuando voy a impartir una conferencia, realizo las siguientes preguntas a los asistentes: «¿Cuánto tiempo usas las tecnologías a diario?», «¿Para qué?».

Si la conferencia es para estudiantes, añado dos más: «¿Con qué frecuencia has tenido la sensación de que tu madre o tu padre no te atendían porque estaban con un aparato digital? ¿Sabes qué estaban haciendo?». En un 90 por ciento de las ocasiones me responden que «muy frecuentemente» han sentido que su madre o padre no los atendían porque estaban «chateando o jugando». En muy pocas ocasiones me han respondido que «no los atendían porque estaban trabajando». Sin embargo, los progenitores alegaban que «estaban trabajando», aunque no parecía ser la impresión que tenían sus criaturas.

No sé si es buena estrategia refugiarse en la justificación de que siempre que tenemos el móvil en casa «estamos trabajando». Sabemos que no es verdad y nuestros hijos también. Quizá deberíamos valorar detenidamente estas situaciones (sin culpa y sin juicio).

TRUCOS PARA REDUCIR EL USO DEL TELÉFONO MÓVIL

¿Has descubierto que utilizas el teléfono móvil más de lo que deberías? ¿Hay alguna solución para reducir el uso de sus aplicaciones? Veamos algunas propuestas simples, pero efectivas, que podéis utilizar toda la familia y que está demostrado que funcionan.

La clave es que hagamos difícil el uso de cada aplicación: no tener cerca el teléfono, dejándolo en otra habitación, hacer que el teléfono se bloquee y haya que introducir la contraseña a mano, apagar el móvil a una hora determinada, colocar las aplicaciones más utilizadas fuera de la pantalla de inicio en una carpeta, desactivar todas las notificaciones... son algunas de estas estrategias. Utilízalas y compártelas con toda la familia.

Generalmente, en los teléfonos móviles y en dispositivos similares tenemos instalada una aplicación que nos dice exactamente el tiempo de uso de cada red social, videojuego, aplicación audiovisual, etcétera. Si no la tienes, bájatela.

Diversos estudios han comprobado que, con frecuencia, mayores y menores reconocen la mitad del tiempo real.[19]

En casa, son la madre y el padre quienes deben marcar (y mejor si es por escrito) las pautas de conducta desde «su primera pantalla». Si no las respetan, habrá **consecuencias razonadas,** se enfaden o no. Si no eres firme, perderás credibilidad e irán traspasando límites, porque saben que no pasa nada.

Además, es básico que **los hábitos familiares deben ir en sintonía.**[20] Si tú tienes un uso abusivo de videojuegos o de televisión, inevitablemente, tu criatura te imitará. Si tú estás todo el día jugando, chateando y viendo series, cuando tu adolescente se salte la norma no serás firme con las consecuencias.

Recuerdo que mi hija mayor me dijo cuando era pequeña que «era la más desgraciada de sus amigas» porque ellas tenían tele en su dormitorio y yo medía al milímetro el tiempo que ella la veía en el salón. Recuerdo también que le expliqué, punto por punto, los asuntos que acabamos de abordar, incluidos los relacionados con su «cerebro en construcción». Creo que no entendió mucho de lo que le dije, pero supo que yo tenía poderosas razones para decir que no.

Por supuesto, mi marido y yo nunca hemos tenido televisión en el dormitorio. En casa, solo hay una, la del salón, que se enciende para ver programas concretos.

Desde que mi hija y mi hijo eran pequeños y hasta que se fueron de casa, las normas digitales eran las mismas para todos, con una excepción. En el lugar donde comíamos, solo podía estar el teléfono de mi marido el día que tenía guardia localizada en el hospital. El resto de los días, los teléfonos de toda la familia estaban en silencio fuera del comedor. Aún hoy, tanto mi hija de treinta y siete años como mi hijo de treinta, profesionales independizados, cuando comen con nosotros, colocan el móvil en otra habitación. Si es un restaurante, lo guardan en silencio en el bolso o bolsillo.

Sí se puede, te lo aseguro.

Normas y límites son necesarios. Solo serán efectivos si se razonan, se enseñan progresivamente y se practican en compañía, dando ejemplo.

Si la norma es «no hay móviles en la mesa», nosotros no podemos tenerlo en la mesa. Si la norma es «no hay televisión en el dormitorio», nadie la tiene. Si la norma es «se come con la tele apagada», aunque haya algo que nos guste mucho, estará apagada. Si la norma es «no se estudia con el móvil delante», yo, como madre, no trabajaré con el móvil delante. Si la norma es «solo hay móvil o televisión cuarenta y cinco minutos al día, después de comer o de merendar, durante el descanso», nosotros no podemos poner la tele en toda la tarde, ni para ver el baloncesto ni nuestra serie favorita. Si la norma es «no se mete el móvil en el dormitorio por la noche», no meteremos el móvil en nuestro dormitorio por la noche.

Simplemente tenemos que establecer normas claras,

concretas, graduales y detalladas desde la infancia, limitar las oportunidades de acceso, ser firmes y dar ejemplo. Hacer pedagogía en casa y ser un referente no es incompatible con marcar límites, a ellos y a nosotros. Al revés, es la mejor manera de ayudar a hijas e hijos, desde los primeros años, a gestionar sus emociones y su frustración cuando no pueden hacer lo que les viene en gana. Es una inversión a medio y largo plazo. A corto, quizá sea un quebradero de cabeza, pero ese es el peaje que debemos pagar por ser madres o padres responsables. Ser consecuente contigo mismo hará que además te sientas mejor, y, a la larga, dar ejemplo de un uso responsable de la tecnología además de beneficioso para hijas e hijos también lo será para la madre, el padre y la familia en general.

Sí, he dicho «desde la infancia». ¿Quiere decir esto que, si ya es adolescente, no hay nada que hacer? No. Como hemos explicado en páginas anteriores, hay algunos momentos del desarrollo en los que la plasticidad del cerebro favorece el aprendizaje.

A medida que nos alejemos de esos periodos, resultará más difícil y el esfuerzo necesario será muy superior al que habría requerido trabajarlo desde los primeros años. En la adolescencia también se puede: tengo en mi haber profesional importantes casos de éxito.

¿POR QUÉ LA EDAD DE INICIO Y EL TIEMPO DE USO SON TAN RELEVANTES?

Los primeros años de vida son los más importantes en el desarrollo psicosocial, cognitivo, físico y motriz de una niña o un niño. Durante esos años, se aprende lo básico para vivir. Se aprende a tocar, oler, sentir, relacionarse y un largo etcétera.

Nuestro cerebro aprende a base de estímulos. Si un estímulo se repite, las neuronas se conectan entre sí. Si un estímulo se repite mucho, las conexiones son cada vez más fuertes. Si hay una nueva conexión, se crea un nuevo aprendizaje y un nuevo hábito. **Piensa en los estímulos que están llegando a tus hijos desde las pantallas —miles de colores, continuo movimiento, ruidos llamativos...—, a los que hay que sumar los contenidos de violencia, racismo, sexismo, hipersexualización o maltrato. Eso es lo que van a ir aprendiendo y es a lo que su cerebro se va a ir adaptando.** Una atención sostenida artificialmente por estímulos diseñados para enganchar, que son los que realmente llevan las riendas de su comportamiento.

Las investigaciones sobre el uso temprano de pantallas advierten de que el consumo durante la primera infancia determina frecuentemente el consumo durante la adolescencia y la edad adulta. Cuanto más precoz sea la exposición, más probabilidades habrá de que en el futuro se haga un uso abundante y frecuente de los dispositivos digitales. Igualmente, al no relacionarse con un adulto, la niña o el niño queda despojado de una cantidad importante de experiencias que contribuyen a su desarrollo. Y es que, cuando nuestros menores están ante una pantalla, frecuentemente no tienen un adulto a su lado y, si está, no suele interaccionar porque tiene otra pantalla entre sus manos. Precisamente, muchas familias ponen contenidos «educativos» a sus menores durante horas para mantenerlos tranquilos en casa o en lugares públicos.

Te invito a hacer un recuento sincero de cuánto tiempo pasan tus criaturas —ya sea en la infancia o en la adolescencia— delante de dispositivos, sin supervisión parental. Ve anotándolo durante una semana o quince días, sin olvidar ninguna exposición, y seguramente te asustarás. Cuando se lo he propuesto a algunas familias, han descubierto la enorme cantidad de tiempo que «pierden» viendo contenidos audiovisuales, jugando con videojuegos o chateando en redes sociales.

El tiempo medio durante la infancia oscila entre hora y media y tres horas. En la adolescencia, desde su propio dispositivo, pasan **entre cuatro horas y media y seis horas de lunes a viernes, y hasta siete horas durante el fin de semana.** ¡Una verdadera locura!

¿Por qué no actuamos si es un hecho constatado que el uso de tecnologías digitales durante la infancia y la adolescencia tiene un impacto negativo sobre la atención, las funciones ejecutivas, el lenguaje, las habilidades emocionales, la motricidad o el sueño?[21]

Recientemente, tuve una asesoría con una pareja que quería consultarme algunos aspectos de la educación de su hija y su hijo. Les pregunté cuánto tiempo usaban el móvil y en qué horarios: «Mi hijo lo usa muy poco, le gusta ver el fútbol y sigue a gente que habla de los jugadores. Mi hija chatea a veces con las amigas, pero poco rato también», me respondió el padre. «¿Tienen la puerta de su dormitorio abierta por la tarde, cuando se ponen a estudiar?», añadí. «No», me respondió la madre. «Entonces, ¿cómo saben que lo usan poco tiempo?», pregunté yo. «Bueno, porque cuando entramos vemos que están estudiando», respondió la madre.

Les pedí que miraran la aplicación de control parental. El hijo usaba entre semana tres horas diarias de aplicaciones de futbol y vídeos, dos de redes sociales y una de videojuegos. La hija pasaba tres o cuatro horas en redes sociales. No daban crédito. Por la noche dormían con el móvil en su habitación y no sabían a ciencia cierta a qué hora se dormían. No estoy diciendo que me quisieran engañar, pero a esta madre y a este padre les ocurre lo mismo que se refleja en las investigaciones sobre el tiempo de uso de pantallas: lo que dicen los entrevistados tiene poco que ver con la realidad.

Recientemente, se están llevando a cabo numerosas experiencias e investigaciones sobre la **desintoxicación tecnológica.** En todas ellas se habla del **impacto altamente positivo para el equilibrio emocional e integración social de chicas y chicos.** Creo que es hora de tomar este asunto muy en serio, empezando por nosotros mismos como progenitores.

Veamos a continuación cuáles son los tiempos de uso recomendados.

Primera infancia

¿Recuerdas lo que expliqué en el capítulo 2 sobre la enorme cantidad de aprendizajes que se producían en los primeros seis años de vida? En estos años, el ser humano aprende a todos los niveles como nunca más aprenderá en su existencia, ni siquiera en la adolescencia.

Cada minuto de esos seis años cuenta. Es por eso por lo que debemos proporcionar a nuestras hijas e hijos el mejor ambiente y, como hemos dicho, las pantallas no lo proporcionan, porque al estimular de forma intensa desestructuran muchos aprendizajes esenciales. Solo lo encontrarán entre humanos y, a ser posible, con una mamá y un papá que sonrían, abracen, digan que no, digan que sí, razonen, dialoguen…

Según recomiendan las principales academias de pediatría, asociaciones de pedagogía y psicología, la Organización Mundial de la Salud (OMS) e investigaciones de universidades prestigiosas, **el límite de consumo antes de los seis años es cero minutos diarios.** No obstante, recuerda que cada vez hay más voces expertas que hablan de cero pantallas interactivas (no se incluye la televisión) antes de los diez años.

Antes del momento en que tú decidas permitirle el acceso a dispositivos digitales, necesita que le hables, que le leas cuentos, jugar, montar puzles, construir con bloques, saltar, cantar, dibujar y aburrirse.

¡RECUERDA!

La ausencia de exposición a dispositivos digitales en los primeros años de vida no tiene efectos negativos, ni a corto ni a largo plazo. Todo lo contrario.

Segunda infancia

A partir de los seis años (incluso, a ser posible, de los diez)* **y hasta los doce aproximadamente, el tiempo recomendado de pantallas interactivas (sin tener en cuenta la televisión) no debe exceder de los treinta o sesenta minutos diarios** (intenta tirar siempre hacia abajo), aunque desde mi punto de vista —y de numerosos colegas—, entre semana no deben usar dispositivos interactivos.

Como comentamos en el capítulo 3 sobre hábitos de estudio, antes de hacer los trabajos escolares, después de comer o en momentos en que se considere oportuno, pueden descansar viendo contenidos de televisión adecuados (nada de sexo, violencia, pornografía, incitación al consumo...), en horarios aceptables (cuidado con dejarlos hasta las tantas de la noche) y supervisados, pero **nunca más de 45 o 60 minutos diarios.**

* El procesamiento de información compleja no se consolida hasta los diez años. De ahí que sea preferible poner el límite en esta edad.

Cuando el consumo diario permanece por debajo de la media hora, no parece provocar impactos negativos detectables. Si durante la semana ven poca tele, durante el fin de semana se pueden hacer excepciones sensatas de más tiempo.

Conviene recordar que existen sistemas eficaces para controlar el tiempo y evitar conflictos. Una vez que se alcanza el límite diario establecido, el aparato se bloquea.

De los doce a los dieciséis años

Según las recomendaciones más actualizadas, **de los doce a los dieciséis años (o los dieciocho, según algunas opiniones), chicas y chicos no deben tener redes sociales.** Sin embargo, según el último informe de Unicef, el 98,5 por ciento de menores de estas edades está registrado al menos en una red social.

Cuando se estén acercando a los dieciséis, pueden iniciar algún contacto gradual con pantallas interactivas y redes sociales, que nunca excederá de los 45 a 60 minutos los fines de semana, desde el teléfono de la madre o del padre, y nunca entre semana. Siempre **acompañados, guiados y supervisados para evitar comportamientos de riesgo y acceso a contenidos nocivos.** Progresivamente, iremos dejándoles solos hasta que comprobemos que hacen un uso responsable, seguro y autónomo de los dispositivos.

No olvides que si el menor comete algún delito —como puede ser el ciberacoso o compartir contenidos ilegales—, los tutores legales son los responsables.

Podrán ver contenidos de televisión adecuados para su edad (nada de sexo, drogas, violencia, pornografía, incitación al consumo...), en horarios aceptables (cuidado con dejarlos hasta las tantas de la noche) y supervisados. Justifica y razona todas las normas.

De los dieciséis años en adelante

Un sector de personas dedicadas a la educación y a la investigación dicen que deben tener dispositivos propios y redes sociales a partir de los dieciséis años. Otros defendemos que hasta los dieciocho —como sucede con conducir y beber alcohol— no deben tener un dispositivo propio, aunque pueden usar algunas redes sociales en el móvil u ordenador de su madre o padre, con control.

Si tuvieran móvil propio, no deberían llevarlo al centro escolar. Desde mi punto de vista, es muy acertada la prohibición total en colegios e institutos (y no dejarlo a criterio del profesorado). Igualmente, defiendo una regulación drástica de internet y de las redes sociales en los centros, en el caso de que permitan el uso de dispositivos «para tareas pedagógicas».

En casa, usarán tecnología si es imprescindible para la realización de tareas escolares. Cuando acaben, apagarán el dispositivo y lo sacarán del lugar de estudio. **No resulta conveniente que tengan cuentas en redes sociales o se entretengan con videojuegos entre semana. Si se lo permites, nunca más de una hora de lunes a viernes y dos los fines de semana.**

Observa que el tiempo dedicado a actividades de ocio con dispositivos no sea superior al utilizado para actividades offline (quedar con amigos, pasar tiempo con la familia, leer, hacer deporte, etcétera). Siempre y cuando sea posible, propón otras alternativas (actividades relacionadas con la cultural, el arte, la naturaleza, los idiomas, la lectura, los juegos de mesa, el voluntariado...).

Si confías en sus habilidades, puedes establecer horarios y limitaciones de uso compatibles con el resto de las actividades esenciales, facilitando la disminución progresiva del nivel de supervisión. En el tiempo de descanso, antes de hacer los deberes, puede ver alguna película o algún programa adecuado durante cuarenta y cinco o sesenta minutos. Cuida mucho los contenidos.

¿Debemos prohibir las redes sociales a los menores?

Como hemos comentado en el apartado anterior, según el último informe de Unicef, el 98,5 por ciento de menores de dieciocho años está registrado, al menos, en una red social. **La legislación española establece que la edad mínima son los catorce años.**

Supuestamente, en España no debería haber menores de catorce años en las redes sociales.

Las plataformas establecen, para su uso, permisos parentales o unas edades mínimas de trece años en algunos casos (TikTok, Facebook, Instagram y Snapchat), dieciséis en otros (Spotify y WhatsApp) y dieciocho en otros (YouTube y Netflix).

A partir de 2023, han entrado en vigor leyes europeas para que las plataformas implementen medidas de verificación de datos con el fin de que los menores no puedan acceder a contenidos inapropiados o para adultos. Sin embargo, la realidad es que no se están cumpliendo. Se sigue sin pedir el DNI y no se están eliminando cuentas ni plataformas que no supervisen el acceso.

¿Qué ocurre cuando un bar pone alcohol a un adolescente de catorce años? Se sanciona con una multa, ¿no? Pues ¿por qué no se hace lo mismo con las plataformas?

Hay un debate acerca de si se debería prohibir el acceso de menores a redes sociales. ¿Es mejor prohibir o es mejor educar para que las utilicen de forma responsable? Como ya escribí en un artículo en Instagram y otro en mi blog a principios de enero de 2024,[22] este debate me parece tendencioso, porque transmite la idea de que no prohibir es sinónimo de educar. Un mensaje muy atractivo como autojustificación para quienes no tienen muchas ganas de implicarse o formarse. Sin embargo, **prohibir significa poner límites,** y como hemos visto en el capítulo 1 de este libro, los límites y las normas razonadas, explicadas y pactadas son absolutamente necesarias a la hora de educar.

Prohibir sin más no educa. Sin embargo, prohibir mientras se educa, sí. Prohibir mientras el menor comprende las normas, las interioriza y las pone en uso es la vía para que no haga un uso incorrecto de los dispositivos digitales. A los adolescentes les gustan los riesgos, su cerebro está preparado para correrlos. **Solo una normativa clara y firme será efectiva.** Me pregunto si los jóvenes usarían casco en la moto de no exigirlo la legislación vigente y cuántas desgracias ha evitado dicha legislación.

Me hago la misma pregunta en relación con la velocidad, el cinturón de seguridad o el tabaco. Cambiar de hábitos es difícil. Ante hábitos tan arraigados, adictivos y peligrosos, la Administración debe regular a la vez que desarrolla programas de formación e información para las familias.

Marcar normas claras, asesoramiento por especialistas, es la mejor forma de prevenir.

PACTO DE USO PARA EL MÓVIL

Si has tomado la decisión de entregar un teléfono móvil a tu hija o hijo o si ya lo tienen, es necesario que establezcas un pacto con unas normas claras de uso. Todos los acuerdos se firmarán y se dejarán en un sitio visible para la familia. Antes de firmar el pacto, tienes que hablar y razonar incansablemente cada punto del acuerdo, explicar riesgos y peligros, profundizar en los asuntos «espinosos» y, sobre todo, dejar muy claros los límites en los que no haya acuerdo.

Una vez realizada esta ardua y larga tarea, se pacta cada norma (siempre y cuando no se trate de un tema innegociable, recuerda el capítulo 1). Si la norma es innegociable, no se pactará, nuestra hija o hijo la firmará si quiere recibir el móvil.

En la web hay una gran variedad de pactos familiares. Puedes buscar modelos que se ajusten a tu forma de educar. Mi marido y yo (más bien yo) preparamos el que te muestro a continuación, por si te sirve de ayuda.

MODELO DE PACTO FAMILIAR

Te hacemos entrega de tu primer teléfono móvil y te pedimos que hagas un buen uso de él. Leeremos juntos las siguientes normas, y las firmaremos comprometiéndonos a respetarlas.

1. El uso del móvil no es privado para menores de edad. Somos responsables ante la ley del uso que hagas.
2. El móvil no es de tu propiedad. Podemos negociar una propiedad compartida.
3. El móvil no es un derecho, te lo tienes que merecer. Cuando lo estimemos oportuno, estará en nuestro poder.

4. Tendremos acceso a tus contraseñas y a la información que guardas en él.
5. Instalaremos un sistema de control parental.
6. Contarás con nosotros si tienes un problema.
7. El horario de uso será... [*marcar claramente las horas de lunes a domingo, en función de la edad de tu hija o hijo*].
8. Los horarios en los que no lo usarás serán [*marcar claramente las horas de lunes a domingo, en función de la edad de tu hija o hijo*].
9. Respetarás estos horarios escrupulosamente tanto entre semana como los fines de semana.
10. Por las noches, el móvil se quedará fuera del dormitorio.
11. No puedes ver contenidos inadecuados para tu edad, como el porno.
12. No puedes llevar el teléfono al centro escolar.
13. No puedes descargarte ninguna aplicación sin consultarnos.
14. No compartirás información personal con nadie (nombre, teléfono, dirección, lugar donde estudias, dónde quedas, etcétera).
15. Si una persona desconocida se pone en contacto contigo (aunque sea de tu edad), nos avisarás.
16. Si alguien te acosa o hace sentir mal, nos avisarás.
17. No compartirás con nadie fotos subidas de tono de personas que no te han dado su permiso para hacerlo.
18. Si alguien te envía una foto subida de tono o íntima, no la descargarás ni la compartirás.
19. No utilizarás el móvil para dañar, insultar u ofender a ninguna persona.
20. No incentivarás ni participarás en el acoso de otra persona. Si detectas un caso de acoso, avisarás a un adulto.

21. Si te llamamos al móvil, lo cogerás siempre.
22. Si haces un mal uso del teléfono, tendrás que responsabilizarte y asumir las consecuencias. Las consecuencias serán... [*indícalas claramente*].

Firmado
[*Insertar al final vuestras firmas*]

Revisar su móvil es un acto de responsabilidad

Un asunto que me plantean recurrentemente madres y padres es si pedir las claves de acceso del móvil o del ordenador, o revisar sin previo aviso sus contactos, su historial de búsquedas y sus conversaciones es una falta de respeto hacia nuestra hija o hijo.

He leído mucho al respecto. He revisado trabajos y documentos sobre ética y derecho en los que se analiza si estamos violando su derecho a la intimidad o cometiendo una ilegalidad con la excusa de la protección; si estamos fisgoneando o estamos velando por su seguridad.

Coexisten aquí dos elementos en conflicto. Por un lado, el derecho a la intimidad de toda persona es reconocido en el artículo 18 de la Constitución Española; por otro lado, la patria potestad implica la protección de los progenitores sobre los menores.

El Tribunal Supremo ha establecido que la madre o el padre, como titulares de la patria potestad, están obligados a actuar y,

en consecuencia, deben revisar las comunicaciones del menor si se evidencia o sospecha de comportamientos irregulares o que de alguna manera supusieran un riesgo para su integridad física, moral o sexual.

Por tanto, supervisar el uso que hace un menor de su dispositivo es un deber y una facultad derivada del ejercicio de la responsabilidad parental en beneficio de la hija o del hijo. Es un acto de responsabilidad.

Esto no quiere decir que ellos lo entiendan del mismo modo y no consideren ese control una intromisión abusiva. Si protestan, no tienes más que ir al pacto firmado, donde aparecerá formulado claramente tu derecho a hacerlo. Recuérdales también las razones por las que lo haces y los peligros inherentes al mundo digital; así los ayudarás a usar su dispositivo de forma autónoma y responsable.

«Si no quieres que lea tus mensajes privados, no los escribas, díselo verbalmente a tus amigos —respondí a mi hijo cuando me recriminó que estaba inmiscuyéndome en su intimidad—. Además, leer tus conversaciones me puede servir para ayudarte a replantear relaciones inadecuadas o conversaciones dañinas sobre otras personas».

Igualmente, abordé las numerosas quejas por el control del tiempo de uso hablando de las consecuencias nefastas de la sobreexposición a las pantallas. Utilicé todos los argumentos que veremos a continuación.

Las pantallas crean adicción

Las pantallas (redes sociales, videojuegos o vídeos de YouTube) son los motores de acomodación más eficientes jamás inventados. Son capaces de moldear en tiempo récord la «personalidad», los gustos y la forma de pensar de un adolescente. Los ingenieros y asesores de Silicon Valley fueron muy certeros aportando información sobre los «me gusta» y las veces que se compartía un contenido. El algoritmo sabe mucho sobre cómo funcionan nuestros cerebros.

Esta es la razón por la que tantas personas tienen un uso compulsivo de su teléfono móvil, y sienten que les falta algo si se separan de él.

Recuerdo cuando en la facultad estudié a Skinner y Pavlov, y sus experimentos sobre la conducta. Disfruté muchísimo aprendiendo sobre el conductismo y ahora he vuelto a hacerlo al repasar los libros de la carrera para escribir estas líneas. Así que te lo voy a contar porque es una información muy valiosa que debes tener en cuenta en relación con la interiorización de cualquier tipo de hábito, el tecnológico también. La psicología conductual descubrió que, si recibimos un refuerzo positivo, hay más posibilidades de repetir una conducta. También se dio cuenta de que, si queremos una conducta más sólida y persistente, es mejor no recompensarla todas las veces que se lleva a cabo; es mejor hacerlo de forma variable de vez en cuando, como hacen las tragaperras. Cuando metemos una rata en una jaula en la que ha aprendido a conseguir comida presionando una palanca, experimenta un aumento de la dopamina mientras la comida llega. Si no llega, seguirá presionando y los niveles de dopamina seguirán aumentando. Cuando llegue la recompensa (la comida), sentirá bienestar. Sin embargo, los elevados niveles de dopamina la llevarán a seguir pulsando la palanca. Así, una y otra vez.

Y lo mismo nos sucede a los seres humanos con la tecnología. Incluso puede ocurrir que, aunque tengas quitadas todas las notificaciones, aflore en ti un detonante interno: «Voy a mirar por si alguien me ha dado un "me gusta"». Imagina esto mientras tu hijo está haciendo los deberes. Interrupciones constantes, pérdida de atención, pérdida de tiempo...

Skinner está más presente que nunca gracias a la creación de las redes sociales. Utilizando técnicas conductuales, diversos ingenieros, neurocientíficos y psicólogos ayudaron a diseñar aplicaciones y crear contenidos que tuvieran la capacidad de retener la atención de los usuarios en la pantalla el mayor tiempo posible y modificar su conducta, ¡sin que ellos fueran conscientes! Habían encontrado fórmulas que manipulan nuestra vulnerabilidad psicológica y nos «enganchan».

Gracias a los denominados «papeles de Facebook», información que filtró la trabajadora de la empresa Frances Haugen en septiembre de 2021 a *The Wall Street Journal*, se sabe que Facebook enganchó intencionadamente a los adolescentes mediante técnicas conductuales. Sabían perfectamente que el cerebro adolescente no madura hasta pasados los veinte años, y mientras esto ocurre, lo que principalmente impulsa las decisiones y la conducta son las emociones, la intriga, la curiosidad por la novedad y las recompensas.

En primer lugar, encontraron estrategias que llamaran la atención y distrajeran constantemente cuando una notificación, un correo, un me gusta o un comentario llegara: alertas sonoras, vibraciones e iluminaciones de pantalla, entre otras.

En segundo lugar, idearon el *scroll* infinito, otro de los motivos por los que las redes son tan adictivas. Arrastrar el dedo hacia arriba e ir entreteniéndote con publicaciones diseñadas para ti, diseñados por los algoritmos en función de tus gustos: es como una especie de secuestro de tu instinto. Cuando te das cuenta, has perdido media hora. Es lo que, en 2002, Fogg, profesor de la Universidad de Stanford, llamó *tecnología persuasiva*.

> Es un hecho constatado que las plataformas están diseñadas para ser adictivas. Sin embargo, es una adicción bien aceptada socialmente, porque impregna las rutinas diarias tanto de mayores como de menores que buscan gratificaciones en bucle.

La dependencia que provoca la dopamina (¿recuerdas?, ya hablamos de ella en el epígrafe «Hormonas, cerebro y adolescencia») favorece que la aplicación «obligue» al usuario a permanecer conectado más tiempo buscando «información interesante». A continuación, le proporciona una recompensa rápida (un «me gusta», un corazón, nuevos seguidores o un comentario)... y el proceso se inicia de nuevo.

Otra hormona muy ligada al estrés y a la regulación del sueño, el cortisol, también parece desempeñar un papel clave en la capacidad adictiva de los dispositivos tecnológicos. Diversos estudios han demostrado que tanto el uso del móvil, como su presencia, elevan los niveles de cortisol. Tenerlo al alcance de la mano nos invita a consultarlo y, acto seguido, el estrés se desvanece.

Como ocurre con la dopamina, nos calmamos durante un rato. No obstante, a continuación, vemos el teléfono, los niveles de cortisol aumentan, el estrés aparece, nos cuesta autocontrolarnos, lo cogemos para ver quién nos ha escrito... y también en este caso el proceso se inicia de nuevo. Si el ciclo se repite una y otra vez, tendremos niveles elevados de cortisol durante tiempos prolongados, lo que supone un riesgo por su relación con dolencias como la depresión, la obesidad, la diabetes...

Pero aquí no queda la cosa. En el cerebro tenemos una estructura que se llama núcleo estriado, que es muy importante en lo que respecta a las adicciones. No pertenece al sistema límbico, pero está estrechamente relacionado con él, especialmente por su rol en la motivación, las emociones y los comportamientos dirigidos por recompensas.

El núcleo estriado tiene una capacidad «muy limitada». No le «caben» todos los gustos. ¿Qué hace? Ordenarlos de acuerdo con dos criterios: la rapidez y la intensidad de la satisfacción.

Y mira por dónde, las pantallas cumplen ambas condiciones: la satisfacción es muy rápida y también muy intensa. Si una niña o un niño tiene el núcleo estriado lleno de «cosas» rápidas, intensas, emocionantes, estimulantes, no puede prestar atención a otras que son lentas, reflexivas, discretas e incluso rutinarias...

Cuando el profesor esté con una tiza delante de la pizarra le parecerá aburrido y dejará de atender. Y un libro le dará sueño y le parecerá un ladrillo. ¿Por qué? Porque como no hay nada llamativo y ruidoso, su cerebro creerá que no es lo suficientemente importante como para prestarle atención.

El núcleo estriado es además muy exigente, y cada vez quiere más. Y puede que pronto se sienta atraído por otras cosas que producen satisfacción más rápida, más intensa, más emocionante y más excitante, como las drogas, el juego, la pornografía, etcétera.

Dicho de otro modo, nuestros menores lo tienen muy complicado. Viven rodeados de estímulos atractivos. Sin embargo, su cerebro solo puede procesar unos pocos, no tiene suficiente «capacidad». El cerebro hace «una selección», y de este modo acaba prestando atención solo a los estímulos relevantes para él, alejando los que no lo son.

El problema viene cuando un cerebro inmaduro solo presta atención a lo que le resulta llamativo porque se mueve, hace ruido o es musical. Y al resto, aquello que es aburrido, soso y poco atractivo, no le hace ni caso. Para tu información, las tres características que acabo de nombrar (se mueve, hace ruido y es musical) están en prácticamente todos los contenidos que vemos en los objetos de pantalla. Qué casualidad, ¿verdad?

Recuerda cuando hablamos de la neuroplasticidad. Gracias a ella nuestro cerebro tiene la capacidad de convertir la repetición de acciones en hábitos. Miramos el teléfono una y otra vez, repetidamente, prestamos atención a lo que hace ruido, tiene luz y es llamativo. Entonces, nuestras neuronas se conectan formando unos circuitos y a continuación llega el deseo de usar «esos» circuitos recién formados.

Quizá sea por estas razones por las que los líderes tecnológicos mundiales limitan el acceso a las pantallas de sus criaturas y los envían a escuelas donde el uso está muy restringido o prohibido.

Después de más de treinta y cinco años de experiencia trabajando con madres, padres y adolescentes, de décadas estudiando e investigando, puedo afirmar que existe un problema realmente preocupante con el uso que hacemos mayores y menores de los dispositivos digitales.

PANTALLAS Y ADOLESCENTES

Te voy a contar una historia real. Hace unos años, estaba trabajando con una familia. La madre, el padre y yo estábamos de acuerdo en que había que retrasar la entrega de un móvil propio a su hija. No obstante, la chica insistía una y otra vez en que lo quería porque todas sus amigas lo tenían. Cuando cumplió quince años se lo compraron, iba a cambiar de instituto y se sentían más cómodos. Tomaron todas las precauciones necesarias: normas claras y razonadas, horarios de uso, aplicaciones de control parental para bloquear contenidos peligrosos, abordaron asuntos como la privacidad y la seguridad y un largo etcétera. Prepararon a su hija «de libro».

Durante las primeras semanas todo se respetó a rajatabla. De pronto, Nuria —la hija— empezó a levantarse demasiado cansada, incluso algún día no fue al instituto porque tenía ganas de vomitar y le dolía mucho la barriga. La madre me lo comentó y le sugerí que averiguara si su hija estaba levantándose para coger el móvil del cajón donde se quedaba guardado para conectarse por la noche.

Efectivamente, así era. Al rato de que su hija apagara la luz, fue a su dormitorio y vio el resplandor azul. Nuria se justificó apurada. La madre le pidió el móvil y le dijo que al día siguiente hablarían en el momento adecuado. Esas no eran horas.

Seis de cada diez adolescentes duermen con el móvil en su mesita de noche y uno de cada cinco se conecta por la noche después de apagar la luz. Las chicas suelen chatear, los chicos ven porno o juegan con videojuegos (luego hablamos de esto).

Internet es el paraíso para los adolescentes. Ellos saben infinitamente más que nosotros, que con frecuencia nos quedamos muy cortos en control y supervisión, y nos dan las vueltas para nutrir su curiosidad y estar en contacto con el mundo exterior. Sin embargo, los riesgos para la salud mental son indiscutibles. El móvil es para un adolescente como la bolsa de suero para una persona enferma, administra dopamina digital las veinticuatro horas del día, todos los días de la semana. Por eso, cuando les falta, sienten irritabilidad y ansiedad.

Arturo Béjar, exingeniero de Meta que dedicó varios años de su vida a desarrollar las herramientas de protección al usuario y ha llevado a los tribunales al fundador de Facebook, ha asegurado que las redes son inseguras para nuestros menores, y que sabiendo lo que sabe ahora, jamás hubiera permitido a su hija entrar antes de los dieciséis años. Según sus palabras: «Meta se ha vuelto una trituradora de humanidad». Sentenció que **los menores están expuestos a acoso, pornografía, contenido sobre suicidios o autolesiones** y demás elementos dañinos para su salud mental. Aseguró que el acoso sexual que tiene lugar en Facebook hacia los adolescentes es el más grande de la humanidad, afectando a millones de adolescentes.

En la generación anterior hemos visto fumadores o bebedores que empezaron jóvenes y años después tienen problemas para dejarlo. La adicción es una forma de aprendizaje. Mientras el cerebro se desarrolla va creando conexiones potentes en el circuito de recompensa, que quedarán «grabadas a fuego» para toda la vida. Los videojuegos están diseñados para crear dependencia, sobre todo durante la adolescencia, porque así tienen asegurados clientes potenciales en los años posteriores.

¿Qué ocurre entonces con los menores a los que se les compra su primer móvil en la preadolescencia? Sabemos que en España es el regalo estrella a los ocho o nueve años, cuando se hace la comunión. Ocurre algo que debería preocuparnos enormemente: nuestros hijos e hijas aprenderán a relacionarse según las «formas» típicas de las redes y los videojuegos, aprenderán a socializar como se hace en los contenidos de adultos que ven. No aprenderán a relacionarse como corresponde a menores de su edad, el cara a cara, los vínculos creados a través del juego infantil con otros iguales, quedan arrinconados. Aprenderán que lo importante es lo inmediato, lo numeroso y lo superficial, en vez de lo profundo y lo cercano, y con una alta probabilidad sentirán frustración.

Una investigación llevada a cabo en Gran Bretaña descubrió una correlación negativa entre el uso de redes sociales durante la infancia y adolescencia y la salud mental y la satisfacción vital.[23]

Cuando pregunto a los adolescentes sobre qué les aportan y qué emociones les producen los videojuegos, lo primero que responden es que son muy entretenidos. Tienen razón, son muy entretenidos y quizá ese sea el motivo por el que deberíamos estar preocupados. Y es que gran parte de esos juegos «tan divertidos» son excesivamente violentos, están hipersexualizados, son pornográficos o presentan un lenguaje vulgar y soez. ¿Dejarías a tu hijo ir a un prostíbulo, por muy entretenido que fuera? ¿Dejarías a tu hija ir a un casino a que se lo pasara bomba? En los videojuegos hay mucho de lo que encontrarán en ambos sitios. Y además no ayudan a desarrollar aptitudes de ningún tipo.

Por mucho que en algunos sectores nos quieran hacer creer que las pantallas (redes sociales y videojuegos) tienen beneficios para los adolescentes, hay poquísimos trabajos empíricos con el suficiente rigor que lo muestren.

No quiero parecer alarmista, solo estoy informando de lo que dice la ciencia. Tienes que cuidar el cerebro de tu niña, niño o adolescente. A riesgo de recibir numerosas críticas por mis palabras, te recomiendo que evites por todos los medios que tus criaturas utilicen videojuegos (y redes sociales). Sé de lo que hablo y quiero compartirlo contigo.

LAS REDES PERJUDICAN MÁS A LAS CHICAS

En mi próximo libro hablaré de la importancia de educar en igualdad a niñas y niños, y veremos, con datos en las manos, que realmente nos queda mucho trabajo por hacer. Es un hecho constatado que tanto la sociedad como la familia hacen grandes diferencias (muchas veces de forma inconsciente) entre uno y otro sexo. No obstante, quiero anticipar algunos contenidos relacionados con las tecnologías.

Hemos repetido hasta la saciedad que las redes sociales perjudican a chicas y chicos. Sin embargo, la evidencia muestra que el daño es mayor para las chicas y parece ser que las características de la sociedad actual y los estereotipos asignados al sexo femenino son los responsables. **Diversas investigaciones han mostrado que las chicas se sienten más deprimidas y tienen un peor concepto de sí mismas cuantas más horas al día pasan en redes sociales.** Además, se ha observado que estas emociones se transmiten con facilidad al entorno de amigas cercano por una razón sencilla: las chicas hablan más de sus emociones y trastornos, y los chicos son más propensos a actuar que a hablar de lo que sienten.[24]

Existen numerosas razones que hacen a las chicas más vulnerables a las redes sociales que los chicos (por cierto, ellos prefieren el porno y los videojuegos). Una que me preocupa especialmente es **la exigencia social de perfección del cuerpo de las mujeres.** El estatus social, en el caso de las mujeres, suele ir más ligado a la belleza, el aspecto físico, el atractivo sexual y la cosificación. Imagina qué producen todas estas exigencias en una adolescente cuyo cuerpo está cambiando de forma rápida y llamativa. Un cuerpo que no reconocen y que, con frecuencia, no les gusta. Un cuerpo que es objeto de comentarios machistas, humillantes, denigrantes o misóginos.

Y aquí es donde siempre me pregunto si el desproporcionado aumento de casos de disforia de género y disconformidad con el propio cuerpo en las chicas estará relacionado con la sobreexposición a las redes y la influencia social... Pero de esto hablaré en mi próximo libro.

Las redes sociales usadas por adolescentes aumentan la cantidad de conexiones sociales, pero reducen su calidad y su seguridad; por tanto, hay un **mayor sentimiento de soledad.** Las redes sociales se han convertido en una trampa para nuestros adolescentes, especialmente para las chicas, por la comparación social, el acoso, la violencia y la crueldad hacia las mujeres. En palabras de Arturo Béjar, es un lugar inseguro para nuestras niñas.

CIBERACOSO

No quiero dejar de comentar algunos asuntos que son importantes de cara al acoso a través de los dispositivos digitales.

> Entendemos por ciberacoso un acto de hostigamiento directo (cuando hay ataques abiertos a la víctima) o indirecto (cuando hay aislamiento social y exclusión deliberada de la víctima) por medio de las tecnologías digitales.

El mal uso de los dispositivos digitales está provocando un importante aumento del ciberacoso entre menores. El móvil se ha convertido en el principal medio para insultar y amenazar, lo que, en primera instancia, es responsabilidad de la madre y del padre del acosador.

Según un trabajo empírico llevado por la Universidad Complutense con 21.000 estudiantes de las diecisiete comunidades autónomas del Estado español, desde 4.º de Primaria hasta 4.º de Secundaria, **el 11 por ciento del alumnado reconoce haber sufrido maltrato entre iguales a través de dispositivos digitales,** y lo sufren más las chicas que los chicos.

Es un comportamiento que se repite y que busca atemorizar, enfadar o humillar a otras personas, difundiendo mentiras, publicando fotografías o vídeos vergonzosos en las redes sociales, enviando mensajes, imágenes o vídeos hirientes, o haciéndose pasar por otra persona.

Todo caso de ciberacoso es un acto de violencia, ya esté motivado por el deseo de diversión, un sentimiento de superioridad o simplemente por ganas de humillar, o por el deseo de marginar a las personas que se consideran «diferentes» (ya sea por su peso, el color de pelo o de piel, su opción sexual, su país de origen, etcétera).

Este acto violento implica tres componentes clave: **intencionalidad** (no es un accidente, se hace daño a propósito), **repetición** (es sistemático y reiterado) y la existencia de un **desequilibrio de poder** (por estatus social, fuerza física, popularidad...).

La magnitud de la violencia del acoso en menores me preocupa como nadie puede imaginar. Cada día, en muchos centros educativos, veo el sufrimiento. Es algo que me descompone. Urge imponer medidas preventivas y formativas, y la intervención por parte de la Administración, así como la supervisión y la educación en casa y en la escuela.

CUANDO VEN PORNO ANTES DE SU PRIMER BESO

Te voy a contar un caso real que ocurrió hace cinco años, un poco antes de la pandemia. Un viernes fui a Madrid, a impartir una conferencia sobre sexualidad para madres, padres y profesorado de Secundaria y Bachillerato. Les dije que debían empezar ya a hablar sobre la pornografía en casa con sus hijas e hijos, si no lo habían hecho ya. Cuando llegó la hora de que me plantearan sus dudas y preguntas, varias madres me dijeron que creían que era muy pronto, estaban seguras de que sus hijos no veían porno —por supuesto, sus hijas, de ninguna manera—. Les comenté que, según las investigaciones, el 90 por ciento de las madres y los padres piensan lo mismo; sin embargo, la realidad es muy diferente. Creo que no las convencí.

El lunes por la mañana me sonó el teléfono. Era una de las madres que había asistido a la conferencia. Me contó que el sábado anterior, su hijo de quince años había ido a una fiesta de cumpleaños. Todos los amigos se quedaron a dormir en casa del homenajeado. Los padres salieron a dar una vuelta y entonces pusieron una película porno. Empezaron a practicar entre ellos lo que habían visto. Su hijo tenía rotura del ano.

Cuando imparto la conferencia de sexualidad para los adolescentes les pido que piensen (¡solo que piensen!) cuánta pornografía ven a la semana. Se lo planteo sin juzgar y de la forma más asertiva posible. Imagina las caras que ponen, se miran unos a otros, se ríen, se incomodan. Yo no digo nada, me hago la despistada, los calmo y les repito que cierren los ojos y piensen con honestidad en la pregunta que les he formulado. Al final de la conferencia, meditamos sobre los efectos que tendrá en su cerebro en desarrollo ver esas películas.

Nuestros menores tienen derecho a desarrollar una sexualidad saludable y respetuosa.

Sin embargo, construir una sexualidad viendo pornografía dificultará enormemente el aprendizaje de prácticas enriquecedoras, libres, constructivas y placenteras.

La pornografía es un producto para personas adultas, fabricado desde una filosofía machista que denigra a la mujer, normaliza la desigualdad, el sometimiento y la violencia de género. Muestra que el sexo es un servicio de la mujer para satisfacer el placer del hombre y considera que el placer de la mujer es irrelevante. Un menor jamás debería estar en contacto con este tipo de contenidos. Sin embargo, las investigaciones revisadas alertan de que los primeros contactos con el porno empiezan en torno a los ocho años.[25] Este consumo se hace frecuente y relativamente estable desde el teléfono móvil a los trece años en los varones y los quince años en las mujeres.

¿Cómo es posible que una niña o un niño lleguen a estos contenidos con tan corta edad? Muy simple. En primer lugar, un menor no necesita verificar su identidad ni estar registrado, y además es gratuito. En segundo lugar, introduciendo ciertas palabras clave que se van pasando entre los colegas, evitan las restricciones de control parental y llegan a páginas pornográficas. En tercer lugar, con frecuencia, aparecen ventanas emergentes con publicidad sobre sexo explícito o les sale buscando otro tipo de contenido.

La tecnología no ha generado la pornografía, pero sí la ha hecho más accesible, casi ilimitada, anónima e interactiva, convirtiéndola en la escuela de sexualidad de niñas y niños. Algo que derivará con bastante probabilidad en conductas de riesgo.[26] Uno de cada dos adolescentes (más chicos que chicas) reconoce que la pornografía es un buen lugar para «coger ideas» y, luego, ponerlas en práctica.[27] El vídeo más visto de la web es una brutal violación en grupo. Casi todos los chicos lo han visto, por eso, luego proponen «tríos o cuartetos», me contaba un grupo de estudiantes de Bachillerato en un instituto. La pornografía es una escuela de violencia machista. Enseña a excitarse practicando la violencia, no el sexo.

Una práctica muy normalizada en la pornografía online es la llamada *asfixia erótica* (que suele incluir acciones como azotar o tirar del pelo). Creen que se trata de un acto sexual rutinario que se espera que realicen y disfruten. Algunos vídeos muestran a mujeres teniendo orgasmos múltiples, por eso las chicas aceptan ponerlo en práctica. A algunas no les gusta o se sienten presionadas, pero creen que así es el sexo. Incluso aparece como una opción en algunos talleres sobre consentimiento y pornografía que se imparten a estudiantes de Secundaria.

Diferentes investigaciones publicadas recientemente por las Universidades de Hamburgo, Reikiavik, Melbourne y Estados Unidos sobre prácticas de sexo violento consensuado han constatado que uno de cada dos jóvenes y adolescentes ha realizado alguna práctica violenta vista en la red, y que ellos suelen asumir el rol activo.[28]

OnlyFans también está a la orden del día. Es increíble cómo consiguen atrapar a las chicas menores de edad para que «desde su libertad» compartan fotos y escenas sexuales para ganar dinero. No hay controles, con un correo electrónico es suficiente. Las mujeres que participan reconocen que ven porno para aprender a hacer vídeos y para «pasárselo bien» con sus chicos. El problema es que, cuando escarbas, reconocen que no se lo pasan tan bien.

Está ampliamente demostrado que la visualización de pornografía disminuye la satisfacción sexual,[29] porque la realidad con tu pareja te sabe a poco. Lo que ven en la pantalla es tan asombroso —relaciones duraderas antes de eyacular, tríos o cuartetos con penetración anal o vaginal, sexo oral..., mientras la mujer «está feliz y disfruta como una loca»— que, al no poder ponerlo en práctica, sienten frustración.

El porno es una visión distorsionada del sexo, no hay seducción, ni caricias..., todo se reduce al coito, la mayoría de las veces de forma brutal y dolorosa. Cuánto más porno se ve, menos sensación de satisfacción se tiene, porque el cerebro necesita más dopamina para sentir el mismo placer. Busca sensaciones más fuertes, comenzando así un círculo vicioso.

A través de la pornografía, el deseo sexual se construye sobre unos cimientos inalcanzables, violentos y desiguales.

Desde el punto de vista neurológico, existen evidencias que apoyan que los adolescentes que han presentado un elevado consumo de pornografía muestran en la adultez alteraciones cerebrales. Además, algunos estudios han encontrado una asociación entre el uso de pornografía y unas relaciones afectivas de «peor calidad», marcadas por el desarrollo de estereotipos de género, la cosificación de la mujer, las actitudes agresivas en el ámbito sexual y las prácticas de riesgo sin protección.

Sabemos que durante la adolescencia el cerebro está en construcción, es inmaduro e incapaz de realizar ciertas reflexiones y tomar ciertas decisiones. Quizá por ello, los trabajos empíricos señalan que las mujeres que ven porno tienen más probabilidad de sufrir violencia y los hombres de ejercerla. Piensa en las «ideas» violentas y misóginas que están normalizando los adolescentes y por qué hay un aumento de la violencia y las agresiones sexuales entre jóvenes.

Un claro ejemplo lo tenemos en *Adolescencia*, de Netflix, una serie que pone de manifiesto la vulnerabilidad emocional de esta etapa y el machismo estructural que moldea las relaciones entre chicas y chicos. La serie invita a reflexionar sobre la necesidad de educar con disciplina, amor y firmeza, de comunicarse incansablemente, de fomentar el pensamiento crítico (esto está bien, esto está mal), de supervisar los contenidos en redes sociales con normas claras, no permitir las puertas de los dormitorios cerradas por sistema y educar en el uso consciente y responsable de las pantallas.

Imagina todas esas consecuencias en el cerebro inmaduro y en construcción de una niña o un niño de ocho, diez o quince años. Tu hija y tu hijo te necesitan. Debes supervisar y educarlos en una sexualidad sana. No puedes permitir que la pornografía sea su profesora. Usa aplicaciones de control parental —y ¡ojo!, con frecuencia se lo saltan metiendo palabras como *agujero*, *garganta*, *almeja*, *profundo*, etcétera—, pero no olvides que la mejor aplicación de control eres tú.

Razona, marca normas y, por supuesto, detalla las consecuencias si no las respeta. Dificulta su acceso a la pornografía; por ejemplo, no permitas que se lleven el móvil a su dormitorio (la noche es el momento en el que suelen verlo). Y da ejemplo. No pongas en casa, delante de ellos, películas o programas televisivos con sexo explícito.

Vemos con total indiferencia que la sexualidad adulta inunde la vida de la infancia y la adolescencia. Es infame que vean porno por falta de normas y supervisión y que, además, consuman vídeos musicales con un alto contenido erótico sin que nos alarmemos por ello. Luego nos preguntamos por qué hacen esos bailes, comparten esas fotos en redes, llevan esa ropa, cantan esas canciones y, lo más preocupante, ejecutan esas prácticas sexuales dolorosas y de riesgo. Están imitando lo que los rodea.

Oigo a demasiada gente defender la idea de que la infancia debe ser libre. Pero eso no significa consentir que niñas y niños hagan lo que quieran con quien quieran. Sería una locura y una barbaridad. Es nuestra obligación supervisar, controlar y marcar pautas claras. Tenemos que proteger sus necesidades y no despertar en ellos de forma antinatural lo que no corresponde a su edad. Tenemos que educar en sexualidad desde la infancia.

Quiero acabar este apartado con un estudio que me ha parecido esperanzador e interesante.[30] Se ha comprobado que los adolescentes que cenan en familia ven menos pornografía que aquellos que lo hacen solos en su dormitorio. Me parece una idea magnífica que tener en cuenta. ¡Cena en familia!

PANTALLAS Y SUEÑO

Otro asunto relevante del que hemos hablado de forma tangencial es la relación entre el uso de pantallas (todas) y el sueño, sobre todo, a partir de que la chica o el chico tengan dispositivos propios.[31]

El sueño tiene una función preventiva y profiláctica. Cuando dormimos, las neuronas fabrican moléculas que sirven al cerebro para recuperarse del desgaste sufrido durante el día y mantener sus funciones con normalidad. Además, potencia el aprendizaje y la memoria, ya que mientras se duerme el cerebro hace una especie de repaso de lo que se ha aprendido para conservarlo en el «almacén» de memoria a largo plazo.

No dormimos solo para descansar. Dormimos porque hay tareas que nuestro cerebro no puede realizar cuando estamos activos. Durante el día, las neuronas están «trabajando» y no pueden ocuparse de las tareas de mantenimiento, como ordenar y clasificar recuerdos, consolidar aprendizajes, etcétera. Si dormimos mal, nos quedamos con residuos «sin limpiar» en el cerebro.

La falta de descanso suele derivar en peor rendimiento escolar y gestión de emociones, dificultad de concentración, pérdida de atención, alteraciones en el comportamiento… Cuando voy a los institutos a impartir conferencias a primera hora de la mañana, lo observo claramente.[32]

Los especialistas en sueño coinciden en que los menores necesitan una media de nueve horas de sueño nocturno. Sin embargo, un creciente número de jóvenes y adolescentes duermen mucho menos del tiempo mínimo recomendado. Este déficit está ligado al consumo digital nocturno y a las interrupciones de notificaciones de las redes, wasaps, correos electrónicos... Algo que tiene un fuerte impacto en el funcionamiento cognitivo y emocional.

La televisión también tiene un impacto negativo en el sueño. Sin embargo, muchas madres y padres la encienden para que sus menores «se relajen» antes de irse a la cama o, mucho peor, la instalan en su dormitorio.

En siglos pasados, cuando no había luz eléctrica en los hogares y por la noche se apagaba la vela, los jóvenes se quedaban a oscuras. Ahora se meten en TikTok o Instagram, chatean por WhatsApp o ven películas. Y es que un elevadísimo número de menores tienen aparatos electrónicos en su habitación.

Hay pruebas sólidas de la vinculación entre el consumo digital, calidad y duración del sueño, así como del aumento de la somnolencia diurna.[33] Se sabe que las pantallas retrasan el inicio del sueño y la «luz azul» de los dispositivos causa fatiga visual, nerviosismo y frena la liberación nocturna de melatonina. Por otro lado, las redes sociales, los videojuegos y el porno nocturno liberan cortisol, activan emocionalmente, estresan y dificultan el sueño. Esta hormona suele segregarse por la mañana y baja por la noche para dejar vía libre a la liberación de melatonina, que regula el ciclo de sueño-vigilia. Sin embargo, en España, más de la mitad de los adolescentes duerme con el móvil y uno de cada cuatro se conecta a partir de medianoche.[34] Luego, cuando apagan el móvil, como el cerebro necesita su tiempo para relajarse y empezar a segregar melatonina, la llegada de Morfeo se retrasa.

CÓMO FAVORECER EL SUEÑO

Es nuestra responsabilidad poner normas claras sobre contenidos no permitidos y horarios que disminuyan el tiempo de uso y dificulten el acceso a contenidos inadecuados.

Para favorecer el sueño, sigue estos consejos:

- No usar pantallas entre una y dos horas antes de irse a dormir.
- Nunca se accederá al móvil, a la tableta o al ordenador en el dormitorio al acostarse, ni por las mañanas antes de ir al colegio. Los contenidos excitantes agotan la capacidad intelectual.
- No se usará el móvil, el ordenador ni la tableta como reproductor ni como despertador.
- No se utilizará el móvil mientras se come o cena, se hacen deberes o se está en familia.

Sé que estas normas no son cómodas. No será fácil resistir la influencia del entorno o el mito de que el móvil (o la tele) relajan y ayudan a dormir. No creas en la falacia de que tu hija o hijo va a acabar aislado y rechazado si antes de acostarse no ha interactuado con sus colegas.

MÁS CIENCIA SOBRE EL EFECTO DE LA EXPOSICIÓN DE MENORES A LAS PANTALLAS, POR SI AÚN NO LO TIENES CLARO

El asunto de los beneficios o los perjuicios de la exposición de menores a la tecnología suele ir acompañado de debates encendidos. Sin embargo, en la mayoría de ellos **escasea la evidencia empírica y abundan las opiniones, las experiencias personales y los estudios sin rigor científico.**

Llevo más de treinta y cinco años investigando en el campo de la educación y la tecnología. He leído libros de autores que son referentes en la materia, he asistido a congresos científicos, he trabajado y trabajo con adolescentes y sus familias, he revisado cientos de investigaciones, y las conclusiones sobre los efectos del uso incorrecto de las tecnologías son claras. Las acabas de leer en las páginas anteriores.

No obstante, por si aún no lo tienes muy claro, te voy a hablar de algunos trabajos de investigación en concreto. He seleccionado estos porque me parece que están elaborados con rigor, y son gráficos y pedagógicos, pero hay muchísimos más.

Me encanta un llamativo estudio llevado a cabo por el pediatra alemán Peter Winterstein.[35] Pidió a dos mil niñas y niños de entre cinco y seis años que dibujaran figuras humanas. Luego analizó esos dibujos en función del tiempo que veían habitualmente la televisión. Observó que los dibujos de los menores que consumían menos de una hora de televisión al día estaban realizados con más detalle, expresividad, relieve y proporciones. Los de quienes veían más de tres horas al día la tele eran apenas unos trazos sin detalles, burdamente pintados y más inmaduros.

Un sector científico dedicado a la educación, la pedagogía, la psicología y la neurociencia defiende que **la capacidad para dibujar refleja con frecuencia las habilidades intelectuales de un menor.** Los dibujos bien organizados, proporcionados y con detalles suelen reflejar la capacidad que tiene el cerebro para observar, sintetizar y organizar los propios pensamientos. Los mal organizados y pobres suelen reflejar escasas habilidades intelectuales. He dicho «suelen», ya que no siempre es así.

Desde el trabajo de Winterstein, han sido publicados otros muchos artículos que apuntan en la misma dirección.

Uno de ellos es de 2019. La doctora Sheri Madigan analizó la relación entre el tiempo de pantallas y el desarrollo global de los menores.[36] Se seleccionaron cerca de 2.500 bebés, a los cuales se estudió desde su nacimiento hasta los sesenta meses de edad. Durante ese seguimiento, se pasaron cuestionarios para evaluar el desarrollo neurológico en relación con el número de horas a la semana que usaban pantallas. Las conclusiones fueron claras: los menores que veían más pantallas entre los veinticuatro y los treinta y seis meses puntuaban peor a los treinta y seis y sesenta meses de edad en los test de desarrollo neurológico.

En 2007, Zimmerman y Christakis estudiaron si las pantallas podían influir en el desarrollo del lenguaje.[37] Para ello, seleccionaron a 1.008 madres y padres cuyos bebés tenían entre dos y veinticuatro meses. Les preguntaron por el tiempo que pasaban delante de pantallas y realizaron a los bebés pruebas sobre desarrollo del lenguaje. Observaron que, cuantas más horas de uso de pantallas, más baja era la puntuación obtenida.

Diferentes estudios empíricos muestran que los bebés que no interactúan con personas reales dejan de recibir los estímulos que necesitan para desarrollar el lenguaje, por lo que no es extraño pensar que un exceso de dispositivos electrónicos esté relacionado con un menor desarrollo lingüístico. Hay numerosas investigaciones con resultados similares.

Hace tiempo leí una frase que se me quedó grabada. Decía que «los juguetes enchufados desenchufan a los padres». Es decir, cuando los menores se entretienen con objetos electrónicos que hablan (incluidos los libros interactivos), la madre, el padre o los docentes hablan menos que si estos estuvieran con juguetes «que no hablan» (bloques de madera, piezas de encajar o libros). **Y la consecuencia directa de hablar menos a niñas y niños es un inferior desarrollo intelectual y disminución de la adquisición de vocabulario.**[38] Los mismos resultados arroja un estudio longitudinal con 259 familias, que analizó la influencia, en la niñez, del contenido y del tiempo de uso de pantallas durante los primeros meses de vida. Según sus conclusiones, los bebés expuestos a tecnología desde los seis meses ya empezaban a mostrar un menor desarrollo cognitivo y del lenguaje a los catorce meses, independientemente de los contenidos que hubieran visto.[39]

Y es que, como hemos visto anteriormente, los menores aprenden del contacto con el mundo real y no de lo que viven ante un dispositivo electrónico.

Veamos un ejemplo.

Supón que un niño está sentado en su trona, cerca de su padre con un juguete en las manos. En un momento determinado tira el juguete al suelo. El padre va, lo coge y le dice una frase cariñosa. El hijo se pone a jugar de nuevo y al rato lo vuelve a tirar, la madre lo coge y se dirige a él con otra frase cariñosa. Así repetidamente. Con esta serie de actos, el hijo irá aprendiendo que, si suelta un objeto, se cae (gravedad), si cae, hace ruido al llegar al suelo..., y va adquiriendo nuevo vocabulario. Si tiene un iPad, todo esto se lo perderá.

Anna Sosa, especialista en desarrollo del lenguaje durante la infancia e investigadora de la Universidad de Arizona, y Manfred Spitzer, neuropsiquiatra e investigador en la Universidad de Stuttgart, hicieron varias investigaciones al respecto, con conclusiones parecidas.[40]

En una de sus investigaciones, la doctora Sosa estudió a veintiséis madres y un padre con bebés de entre diez y dieciséis meses, dejando que jugaran con tres tipos de elementos. Se comparó la conversación que surgía del uso de juguetes electrónicos (portátiles y móviles de juguete y una granja que emite sonidos) con juguetes clásicos (una granja con animales de madera, bloques de goma y piezas para encajar) y con la lectura de libros infantiles.

Con los electrónicos, las madres usaron un promedio de cuarenta palabras por minuto, en comparación con las cincuenta y seis palabras empleadas con juguetes tradicionales y las sesenta y siete con los libros. La diferencia resultó más llamativa cuando se comprobó que las interacciones entre madres y críos eran mucho más ricas en juegos sin pilas.

Los bebés aprenden a hablar y a relacionarse escuchando a sus mayores y no hay evidencia de que puedan hacerlo escuchando a las máquinas. Entablar turnos de conversación durante el juego no solo enseña lenguaje y sienta las bases para la alfabetización; además, ayuda a aprender habilidades sociales, a interpretar roles y a aceptar el papel de los demás, escuchando, a través de la empatía.

Zimmerman y Christakis profundizaron en la relación entre exposición de pantallas, edad y desarrollo del lenguaje.[41] Observaron que, en menores de diecisiete meses, **cada hora diaria de televisión se relaciona con un menor desarrollo del lenguaje. Por el contrario, leer a diario se vincula con un mayor desarrollo.** En este campo, hay cientos de trabajos empíricos que llegan a conclusiones similares.

En relación con otro tipo de consecuencias de ver la televisión (obesidad, sobrepeso, empezar a fumar…) y, sobre todo, cómo influye el hecho de tenerla instalada en el dormitorio, también encontramos abundantes publicaciones.

En 2002, el doctor Gidwani, médico del hospital infantil de S. Diego, en California, y su equipo concluyeron que **los menores de diez a quince años que veían más de dos horas diarias de televisión tenían cinco veces más probabilidades de empezar a fumar que aquellos que la veían menos de dos al día.**[42]

Una investigación llevada a cabo por Adrian Ward, Kristen Duke, Ayelet Gneezy y Maarten Bos, de la Universidad de

Texas, ha descubierto que la sola presencia del móvil, aunque esté apagado, es capaz de **reducir de forma notable la capacidad de concentración.**[43] Seleccionaron a 520 personas y se les pidió que pusieran sus teléfonos en silencio y sin vibración. No los podían tocar ni mirar. Se hicieron tres grupos aleatoriamente:

- El grupo 1 tenía que colocar el teléfono en su mesa de trabajo, al alcance de su mano, boca abajo.
- El grupo 2 debía colocar el teléfono en el bolsillo, fuera de su vista.
- El grupo 3 dejaba el teléfono en otra habitación, fuera de su vista.

A continuación, les pidieron que realizaran unas pruebas que exigían mucha concentración: memorizar letras aleatorias, hacer pequeños problemas matemáticos, resolver jeroglíficos y otras actividades similares.

Los resultados fueron llamativos:

- El grupo 3 sacó los mejores resultados en las pruebas de concentración.
- El grupo 2 tuvo menos puntuación, pero no la peor.
- El grupo 1 fue el que menor puntuación sacó.

¿Qué conclusiones podemos sacar de este estudio? La sola presencia de un teléfono es suficiente para reducir la capacidad cognitiva de un individuo. La mente consciente no piensa en el teléfono. Pero la mente inconsciente, sí. El hecho de que nos exijamos a nosotros mismos no mirar el teléfono utiliza y gasta parte de los recursos cognitivos que podríamos emplear para otra cosa. Es decir, existe una relación clara entre los dispositivos móviles y el funcionamiento del cerebro.

Un asunto que me preocupa es la costumbre de poner la tele de fondo en casa y cómo influye en el juego de los menores. Una investigación de la Universidad de Massachusetts comprobó que, aunque los menores miraran durante pocos segundos la televisión, dejaban de jugar y de atender a su actividad.[44]

Las investigaciones sobre la relación entre la sobreexposición a las pantallas y la imagen que los adolescentes tienen de su propio cuerpo son igualmente clarificadoras. En general, asocian el abuso de tecnología con el aumento de la ansiedad, un menor bienestar y una peor autoimagen corporal.

Todos los adolescentes atraviesan momentos de inseguridad, baja autoestima o necesidad de validación. Sucede por los cambios físicos, hormonales y emocionales característicos de esta etapa vital. En la adolescencia hay una gran vulnerabilidad y las redes pueden atrapar y hundir a personalidades frágiles en la tristeza, la ansiedad o en un trastorno de la alimentación.[45]

Un estudio publicado por la Universidad de Helsinki, con mil doscientas alumnas de entre quince y dieciséis años,[46] y otros llevados a cabo en España,[47] Estados Unidos y algunos países de Europa coinciden en relacionar el abuso de pantallas con peores calificaciones, aumento de la ansiedad, peor imagen del propio cuerpo y menor bienestar psicoemocional.

En 2015, la OCDE señaló que los países en los que se utilizaban en exceso los ordenadores en las aulas obtenían resultados significativamente peores. Las conclusiones fueron claras: las competencias esenciales para la navegación online pueden ser aprendidas con herramientas pedagógicas convencionales.

En 2021, la misma OCDE confirmó el efecto negativo del uso «educativo» de las pantallas sobre la capacidad lectora y el rendimiento en el aprendizaje de lengua, matemáticas y ciencias en treinta y seis de los treinta y siete países donde se realizaron los diferentes informes PISA. En sus conclusiones, se afirma que el uso de tabletas en el entorno escolar es una mala práctica educativa, no solo porque se usan mal, sino porque no favorecen los aprendizajes básicos.

En 2023, la Unesco advirtió sobre las consecuencias negativas a corto y largo plazo de la utilización de tecnología en las aulas. Informó de que el 90 por ciento de los programas educativos vulneran los derechos de los menores y recomendó prohibir el uso de teléfonos móviles en las escuelas.[48]

El último macroestudio internacional, presentado por Sapiens Lab en 2023, realizado con casi treinta mil jóvenes de los cinco continentes, concluye que los problemas de salud mental aumentan consistentemente cuanto menor es la edad a la que se adquiere un smartphone o una tableta por primera vez.[49]

En 2024, el Instituto Nacional de Salud Pública de Quebec realizó una revisión de la literatura científica sobre los efectos del uso de dispositivos digitales en clase. Concluyó que o bien no aportaban ningún beneficio para el aprendizaje, o su impacto era negativo, entre otras razones por la tentación que tienen los estudiantes de darles un uso no educativo.[50]

La Asociación Española de Psiquiatría de la Infancia y la Adolescencia ha publicado un extenso y completo documento realizado en 2024 con numerosa evidencia empírica y recomendaciones de uso de la tecnología. Concluyen que «internet no es un espacio seguro, sino un lugar con potenciales peligros para los menores de edad. Es un espacio con pocas reglas y donde la comprobación de lo real o lo ficticio es complicada». Por tanto, recomienda «una ley integral para proteger a los menores en internet, considerando el gran impacto que la exposición a la tecnología y los contenidos digitales tienen en el desarrollo». Para terminar, cree necesario «un enfoque multidisciplinar que incluya la prevención y la formación de familias, niños, niñas, adolescentes, educadores y agentes sociales, con apoyo de la evidencia científica, para fomentar un entorno digital seguro».[51]

Y así podríamos continuar con cientos de investigaciones rigurosas centradas en cada uno de los contenidos que hemos abordado a lo largo de este libro. Trabajos llevados a cabo por profesionales de prestigio independientes (este dato es muy importante), supervisadas por pares y publicadas en lugares de reconocido prestigio.

EPÍLOGO

NO SOY UNA PEDAGOGA ANTITECNOLOGÍA

Permíteme que te cuente ahora cómo empecé a hablar en mis conferencias de tecnología, hace treinta y cinco años, cuando casi nadie lo hacía. Entonces, hablaba a las familias de disciplina, normas, límites, hábitos de estudio, esfuerzo, técnicas de estudio y también de tecnología, entre otros temas.

Un día, en una importante fundación española me pidieron que hablara de «Cómo hacer un uso saludable de la tecnología dentro de la familia» (ese fue el título que pusieron a mi ponencia). El salón de actos estaba a rebosar. En la primera fila descubrí caras de personas de reconocida importancia y con una sólida formación académica.

Me gusta hablar en público, no suelo ponerme nerviosa a excepción de esos primeros cinco minutos de calentamiento. No llevaba mucho hablando, cuando un padre de la primera fila me interrumpió para decirme que era una locura lo que estaba diciendo. Al rato me paró el de al lado. Tuve que ponerme seria (casi nunca lo hago en las conferencias, dicen que soy muy divertida) y pedir que nadie volviera a interrumpirme más hasta que terminara.

En el turno de preguntas, medio auditorio levantó la mano. Es la conferencia en la que más miedo he sentido. Para explicarlo muy resumidamente, el primer padre que habló me dijo sin tapujos que era alarmista y una anticuada por los contenidos e investigaciones que acababa de nombrar. Una madre me dijo que la tecnología era el futuro y que si atendían a mis arcaicas ideas una generación se quedaría anclada en el pasado. Mayoritariamente, las preguntas o comentarios fueron en esta línea.

Estuve varios días triste. Me estaba documentando para mi tesis doctoral y me lo había estudiado y leído todo, había revisado cientos de investigaciones de las universidades más prestigiosas del mundo y las conclusiones eran claras. Solo informaba y formaba lo más objetivamente posible. En ningún momento mi intención fue (ni es) decir a una madre o a un padre qué deben pensar, hacer o creer. Tampoco juzgar, culpabilizar o criticar sus prácticas educativas.

Durante mucho tiempo, nadie más me invitó a hablar del uso responsable de la tecnología. Cuando lo proponía, siempre elegían otra ponencia «más interesante». Menos mal que poco a poco fueron saliendo noticias y las familias se fueron sensibilizando con el tema.

Cada día me siento más orgullosa de haber sido una pionera a la hora de advertir del riesgo del mal uso de las pantallas. Hoy, somos más conscientes de la situación, aunque todavía queda mucho por hacer.

Solo quiero que quede claro que no estoy en contra de la tecnología, ni es mi intención juzgar a madres o padres que han encendido un ratito la tele o el iPad puntualmente para tener un respiro o solucionar un asunto importante. A veces, no queda otra, hacemos lo que podemos. Sin embargo, ese no suele ser el caso de muchas familias, que usan los objetos tecnológicos sin moderación por una razón u otra: creen que tienen efectos positivos, no saben poner límites, ceden ante una rabieta o un enfado, o bien es la niñera más accesible que tienen.

Entiendo que, en ocasiones, estamos al límite, desbordados, cansados, sin dormir. De verdad, lo entiendo. Sin embargo, a pesar de ello, no deberíamos utilizar algo que sabemos que es perjudicial para nuestras criaturas. El poder adictivo y dañino de la tecnología usada desde corta edad es como dar un par de «gotitas tranquilizantes» de un ansiolítico a un bebé para que se calme. Sería impensable, ¿verdad? Pues el uso de pantallas debería serlo también.

Las pantallas no pueden ser una opción. En casa (y en la calle) tienen que estar apagadas. Tenemos que decir que no y explicar a niñas, niños y adolescentes las razones de ese no. Lo entienden, te lo aseguro, por muy pequeños que sean. Y si no lo entienden, se lo vuelves a explicar de nuevo. ¿Excepciones?

Claro, puede haber excepciones para ocasiones especiales. Lo que no debería haber es un hábito.

Mi marido y yo hemos cuidado mucho la alimentación en casa. Cocinábamos los fines de semana, seleccionando bien los productos para que mi hija y mi hijo comieran de forma saludable cada día a la vuelta del colegio. Ellos siempre se quejaban de que no comprábamos bollería industrial, ni hamburguesas ni salchichas. Cuando íbamos al supermercado, pedían este tipo de productos insistentemente. Hasta que decidí que se lo compraríamos una o dos veces al mes. Esos días eran una fiesta. Cada uno elegía un producto de los que nunca había en casa. Actualmente, mis hijos no toman bollería industrial y muy excepcionalmente productos «insanos». Y algo así podríamos hacer con los dispositivos tecnológicos, sabiendo que mientras menos los utilicemos, mejor.

Antes de terminar quiero dejar claro un asunto. Nunca (aquí la palabra *nunca* es inamovible) debemos dar pantallas (ni comprar salchichas) con el fin de calmar un enfado o una rabieta o para que coman. Es preferible que se desgañiten un buen rato o que no coman a colocarles delante un «anestésico».

La tecnología —como los coches— **no es mala en sí misma. Solo hay que tener en cuenta quién la va a usar y para qué.** La tecnología es cómoda, pero su uso tiene un coste elevado. Por ese mismo motivo debemos limitar su uso a los menores.

Llevo años lanzando este mensaje a familias y profesorado. Recuerdo cuando la gente se asombraba de que una investigadora documentada, que llevaba años y años trabajando en la infancia y la adolescencia, dijera cosas tan arcaicas y «poco científicas». Pero el tiempo me ha dado la razón. Parece que la sociedad se ha empezado a mover ante las consecuencias negativas del mal uso de las tecnologías en las nuevas generaciones.

No olvides que es importante que vayan aprendiendo a aburrirse en el coche mientras van de viaje, a tener un poco de hambre de vez en cuando, que tienen que obedecer lo que dice mamá o papá en momentos concretos, que tienen que permanecer sentados en la sala de espera de pediatría, que deben comer esa comida que no les gusta mucho, pero es saludable. Tu hija o hijo tiene que aprender a compartir con un hermano que lo fastidia y a resolver su aburrimiento sin anestesiar sus emociones. Tienen que aprender a vivir una vida real.

TERMINANDO...

Durante años se publicaron investigaciones cuyas conclusiones eran demasiado bonitas para ser verdad, porque había intereses ocultos de las grandes corporaciones tecnológicas que las financiaban. Sin embargo, todo el mundo creía lo que aseguraban. Un número importante de profesionales que nos dedicábamos a la educación y la ciencia sabíamos que los resultados de esos trabajos no eran creíbles. Yo, como docente, comprobaba día a día las consecuencias de la exposición a las pantallas en los menores, y a mis colegas les ocurría lo mismo.

En la actualidad, ante los crecientes y clamorosos indicios de que las pantallas (el mundo virtual, con sus redes sociales y videojuegos) están perjudicando seriamente a los jóvenes, las compañías tecnológicas reaccionan negándolo y lanzando cortinas de humo. No obstante, sabemos que han hecho lo mismo que hizo la industria del tabaco en el pasado: utilizar trucos para enganchar a los menores durante las etapas más vulnerables del desarrollo de su cerebro, justo cuando se está «reseteando» y se siente ávido de recompensas.

A todo esto, los Gobiernos ni se implican ni legislan, obligando a las empresas a utilizar mecanismos de control que sirven para poco o poco eficaces para proteger a nuestra próxima generación. No les permitimos comprar alcohol o entrar en casinos, pero les abrimos de par en par el universo de la adicción digital. Los sobreprotegemos en el mundo real, donde necesitan vivir experiencias directas, y los infraprotegemos en el virtual, donde corren grandes riesgos.

En la serie *Adolescencia*, se observa claramente cómo la madre y el padre se sentían tranquilos porque su hijo estaba «seguro» en su dormitorio en vez de en la calle. Pero el chico permanecía todo el tiempo con la puerta cerrada sin supervisión ni control mientras accedía a espacios inseguros y violentos.

A lo largo de las páginas de este libro, he escrito desde mi experiencia personal como madre, investigadora y docente, y me he esforzado por avalar mis afirmaciones con prestigiosas publicaciones científicas, que apoyan todos y cada uno de mis contenidos y propuestas educativas.

Supongo que, como ocurre en las conferencias, te vas a echar las manos a la cabeza porque crees que vas a ser incapaz de mantenerte firme a la hora de no entregar un teléfono inteligente a tu hija o hijo hasta los dieciséis o dieciocho años. Crees que va a haber un cataclismo en casa si comunicas que no habrá redes sociales hasta los dieciséis (como mínimo) y que desde ya restringirás y supervisarás con firmeza el uso y horario de todas las pantallas. Se te van a echar encima el claustro de profesorado y las familias si presionas para que en el centro escolar se vuelva al papel.

Pero te digo una cosa, nada de esto va a ocurrir si vamos todo el mundo a una. Si conseguimos que nuestra familia, nuestro círculo, nuestro colegio, nuestra ciudad, nuestro país... vayan en la misma dirección. Si la Administración no quiere saber nada de nuestras criaturas, lo tendremos que hacer sin ella.

Es posible.

Por último, quiero darte las gracias por acompañarme en este libro. Confío en que el contenido te ayude e interese. Es mi primer libro divulgativo, y me ha costado mucho trabajo documentarlo y escribirlo. Estoy acostumbrada a redactar de forma académica, por lo que la divulgación es complicada para mí. Espero que te guste. Me he esforzado mucho en hacerlo lo mejor posible.

Me comprometo a seguir estudiando para mejorar mis contenidos. La ciencia, cada día, nos aporta datos que nos ayudan a interpretar la realidad y acercarnos a la verdad. Como investigadora, estoy dispuesta a corregir mis propuestas si aparece nueva evidencia empírica. Hasta el momento, creo plenamente en las que he presentado en estas páginas.

AGRADECIMIENTOS

Gracias a mi marido, Kaddouri, por escucharme, por leerme y por su apoyo constante e incansable en todas mis iniciativas.

Gracias a mi hija, por animarme a divulgar ciencia en las redes sociales y por enseñarme, como experta, algunos entresijos del marketing digital.

Gracias a mi hijo, médico y residente de Cirugía, por ayudarme con todas las dudas sobre fisiología, anatomía y funcionamiento del cerebro.

Gracias a Sara, mi editora, por estar dispuesta a ayudarme cuando lo he necesitado.

Gracias a Rocío y Fátima por dedicar horas y horas a corregir y mejorar cada página de este libro. Os estoy eternamente agradecida.

Gracias a mis estudiantes, a las madres y los padres de los que tanto he aprendido durante mis treinta y cinco años de profesión.

RECURSOS

Para completar este «mapa» del que te hablaba al principio del libro, te dejo algunas herramientas de formación e información por si quieres profundizar más:

- Pantallas Amigas (<www.pantallasamigas.net>): promociona el uso seguro y saludable de las nuevas tecnologías en la infancia y la adolescencia.
- Chaval.es (<www.educa.jccm.es/alumnado/es/enlaces-recomendados/chaval>): programa de referencia para al buen uso de las tecnologías que forma e informa sobre las ventajas y posibles riesgos en menores.
- Instituto Nacional de Ciberseguridad (Incibe, <https://www.incibe.es/>). Tiene como objetivo la promoción del uso seguro y responsable de las tecnologías.
- Cyberscout (<https://cyberscouts.osi.es/>): enseña ciberseguridad a través de diferentes minijuegos.

- Internet Segura for Kids (IS4K, <https://www.incibe.es/incibe/informacion-corporativa/con-quien-trabajamos/proyectos-europeos/is4k>): Centro de Seguridad en Internet. Tiene por objetivo la promoción del uso seguro y responsable de las tecnologías.

Agencia Española de Protección de Datos: Formación e información.

- EducaInternet: fuente inagotable de recursos educativos sobre seguridad.
- Fundación ANAR.
- Centro para familias (Google).

ALGUNOS VÍDEOS FORMATIVOS E INFORMATIVOS

- *¿Está Pablo?*, 2007 (<https://www.youtube.com/watch?v=Moo9HX7lZAI>).
- *Hot on Your Trail: Privacy, Your Data, and Who Has Access to It*, Center for Investigative Reporting, 2013 (<https://www.youtube.com/watch?v=bqWuioPHhz0>).
- *Niños ciberacosadores. Lo que no sabes de tus hijos,* Orange, 2018 (<https://www.youtube.com/watch?v=g19n5WA2cfw&feature=youtu.be>).
- *No seas estrella,* Unicef, 2018 (<https://www.youtube.com/watch?v=hm8p8Jme3JM>).

NOTAS

1. G. Rippon, *El género y nuestros cerebros: la nueva neurociencia que rompe el mito del cerebro femenino,* Barcelona, Galaxia Gutenberg, 2020.
2. R. M. Jordan-Young, *Brain Storm: The Flaws in the Science of Sex Differences*, Cambridge (MA), Harvard University Press, 2011; C. Fine, *Delusions of Gender: How our Minds, Society, and Neurosexism Create Difference*, Nueva York, WW Norton & Company, 2010; G. Rippon, «The trouble with girls?», *Psychologist*, vol. 29, n.º 12, pp. 918-922, 2016.
3. D. Albert, J. Chein y L. Steinberg (2013), «The Teenage Brain: Peer Influences on Adolescent Decision Making. Current Directions» en *Psychological Science*, 22(2), pp. 114-120. Disponible en <https://doi.org/10.1177/0963721412471347>.
4. Walter Mischel *et al.*, «Delay of Gratification in Children», *Science* 244, 933-938(1989). Disponible en <https://doi.org/10.1126/science.2658056>; Walter Mischel, *El test de la golosina,* Barcelona, Debate, 2015. Puedes ver el vídeo en internet, te va a encantar: <https://www.youtube.com/watch?v=JUTEjsGUGXc>.
5. González-Pienda *et al.*, «A Structural Equation Model of Parental Involvement, Motivational and Aptitudinal Characteristics,

and Academic Achievement», *The Journal of Experimental Education*, *70*(3), 2002, pp. 257–287. Disponible en <https://doi.org/10.1080/00220970209599509>.

6. Melina R. Uncapher, Lin Lin, Larry D. Rosen, *et al.*, «Media Multitasking and Cognitive, Psychological, Neural, and Learning Differences», *Pediatrics*, noviembre de 2017; 140 (Supplement_2): S62–S66. Disponible en <https://doi.org/10.1542/peds.2016-1758D>.
7. D. L. Nichols, «The context of background TV exposure and children's executive functioning», *Pediatric Research*, 92, 2022, pp. 1168-1174. Disponible en <https://doi.org/10.1038/s41390-021-01916-6>.
8. I. Takahashi, T. Obara, M. Ishikuro, *et al.*, «Screen time at age 1 year and communication and problem-solving developmental delay at 2 and 4 years», *JAMA Pediatrics*, vol. 177, n.º 10, 1 de octubre de 2023, pp. 1039-1046.
9. Organización de las Naciones Unidas para la Educación, la Ciencia y la Cultura, *Tecnología en la educación*, Unesco, 2023. Disponible en <https://www.unesco.org/gem-report/es/technology>.
10. OCDE, *PISA 2022 Results (Volume II)*, OCDE, 2022. Disponible en <https://www.oecd.org/en/publications/pisa-2022-results-volume-ii_a97db61c-en/full-report.html>.
11. C. A. Kildare y W. Middlemiss, «Impact of parents mobile device use on parent-child interaction: A literature review», *Computers in Human Behavoir*, 75, 2017, pp. 579-593.
    J. Radesky, A. L. Miller, K. L. Rosenblum, *et al.*, «Maternal mobile device use during a structured parent-child interaction task», *Academic Pediatrics*, marzo-abril de 2015, pp. 238-44. Disponible en <http://doi: 10.1016/j.acap.2014.10.001>. <https://pubmed.ncbi.nlm.nih.gov/25454369/>.
12. J. S. Hutton, J. Dudley, T. Horowitz-Kraus, T. DeWitt y S. K. Holland, «Associations between screen-based media use and brain white matter integrity in preschool-aged children», *JAMA Pediatrics*, vol. 174, n.º 1, 2020.
13. K. Kushlev y E. W. Dunn, «Smartphones distract parents from

cultivating feelings of connection when spending time with their children», *Journal of Social and Personal Relationships*, 36(6), 2018, pp. 1619-1639. Disponible en <https://doi.org/10.1177/0265407518769387>.

14. R. Wiley y B. Rapp, «The Effects of Handwriting Experience on Literacy Learning», *Psychological Science*, vol. 32, 2021.
15. «Cambia el plan: una campaña de AEP y AEPD para reducir los riesgos del mal uso de las pantallas en la infancia y adolescencia», AEP, 20 de octubre de 2023. Disponible en <https://www.aeped.es/noticias/cambia-plan-una-campana-aep-y-aepd-reducir-los-riesgos-mal-uso-las-pantallas-en-infancia-y>.
16. AEPED, *Impacto de los dispositivos digitales en el sistema educativo,* AEP y CPS, s. f. Disponible en <https://plandigitalfamiliar.aeped.es/downloads/Impacto_dispositivos_digitales_en_el_sistema_educativo_CPS.pdf>.
17. AEPED, *Impacto de los dispositivos digitales en el sistema educativo, op. cit.*
18. M. A. Salmerón-Ruiz, I. Montiel y C. L'Ecuyer, «Llamada a la prudencia en el uso de las pantallas: ausencia de evidencia no es evidencia de ausencia», *Anales de Pediatría*, vol. 101, n.° 2, 2024, pp. 73-74.
19. Te recomiendo ver el docudrama *El dilema de las redes sociales*, de Jeff Orlowski (2020).
20. J. M. Nagata, A. Paul, F. Yen, *et al.*, «Associations between media parenting practices and early adolescent screen use», *Pediatric Research,* n.° 97, 2025, pp. 403-410.
21. B. A. McArthur, V. Volkova, S. Tomopoulos y S. Madigan, «Global prevalence of meeting screen time guidelines among children 5 years and younger: A systematic review and meta-analysis», *JAMA Pediatrics*, vol. 176, n.° 4, 2022, pp. 373-383; D. G. Singer, J. L. Singer, H. D'Agnostino y R. DeLong, «Children's pastimes and play in sixteen nations: is free-play declining?», *American Journal of Play*, vol. 1, n.° 3, 2009, pp. 283-312.
22. Disponible en <https://www.instagram.com/p/DFxY1QxNhKD/?utm_source=ig_web_copy_link>; <https://www.

hijosconexito.com/debemos-prohibir-el-mvil-a-los-menores-de-16-aos>.

23. A. Orben, A. K. Przybylski, S. J. Blakemore, *et al.* «Windows of developmental sensitivity to social media», *Nature Communications*, vol. 13, 2022, art. 1649.
24. Y. Kelly, A. Zilanawalaa, C. Bookerb, *et al.*, «Social media use and adolescent mental health: Findings from the uk millennium cohort study», *Clinical Medicine*, vol. 6, n.° 59, 2018, pp. 59-68; J. Haidt, «Collaborative review docs», s. f., <https://jonathanhaidt.com/reviews/>.
25. L. Ballester y C. Orte, *Nueva pornografía y cambios en las relaciones interpersonales*, Octaedro, Barcelona, 2019; C. Sanjuán, «(Des)información sexual: adolescencia y pornografía», Save the Children, s. l., 2020.
26. A. Villena-Moya, M. N. Potenza, R. Granero Pérez, Paiva, *et al.*, «Sex differences in problematic pornography use among adolescents: a network analysis», *Research Square*, 2023. Disponible en <https://doi.org/10.21203/rs.3.rs-3327564/v1>.
27. *Ibidem.*
28. E. F. Rothman, J. J. Beckmeyer, D. Herbenick, *et al.*, «The prevalence of using pornography for information about how to have sex: Findings from a nationally representative survey of U.S. adolescents and young adults», *Archives of Sexual Behavior,* n.° 50, 2021, pp. 629-646; P. J. Wright y A. Ŝtulhofer, «Adolescent pornography use and the dynamics of perceived pornography realism: Does seeing more make it more realistic?», *Computers in Human Behavior*, vol. 95, junio de 2019, pp. 37-47; A. Goldstein, «Beyond pornography literacy: Drawing on young people's pornography narratives to expand sex education pedagogies», *Sex Education-Sexuality Society and Learning,* vol. 20, n.° 1, 2019, pp. 59-74.
29. T. Jacobs, B. Geysemans, G. Van Hal, *et al.*, «Associations between online pornography consumption and sexual dysfunction in young men: Multivariate analysis based on an international web-based survey», *JMIR Public Health Surveill*, vol. 7, n.° 10, 2021, e32542.

30. Save the Children, *(Des)información sexual: pornografía y adolescencia*, 2020. Disponible en <https://www.savethechildren.es/sites/default/files/2020-11/Informe_Desinformacion_sexual-Pornografia_y_adolescencia.pdf>.
31. M. Dworak, T. Schierl, T. Bruns y H. K. Strüder, «Impact of singular excessive computer game and television exposure on sleep patterns and memory performance of school-aged children», *Pediatrics*. vol. 120, n.º 5, noviembre de 2007, pp. 978-985.
32. D. DeStefano y J. A. LeFevre, «Cognitive load in hypertext reading: A review», *Computers in Human Behavior*, vol. 23, n.º 3, 2007, pp. 1616-1641.
33. S. Higuchi, Y. Motohashi, Y. Liu, Y., Ahara, M. y Kaneko Y., «Effects of VDT tasks with a bright display at night on melatonin, core temperature, heart rate, and sleepiness», *Journal of Applied Physiology* vol. 94, n.º 5, 2023, pp. 1773-1776.
34. B. Andrade, I. Guadix, A. Rial y F. Suárez, *Impacto de la tecnología en la adolescencia. Relaciones, riesgos y oportunidades,* Madrid, UNICEF España, 2021. Disponible en <https://www.unicef.es/sites/unicef.es/files/comunicacion/Informe_estatal_impacto-tecnologia-adolescencia.pdf>.
35. P. Winterstein y R. J. Jungwirth, «Medienkonsum und Passivrauchen bei Vorschulkindern. Risikofaktoren fuer die kognitive Entwicklung?», *Kinder-und Jugendarzt*, n.º 37, 2006, pp. 205-211.
36. S. Madigan, D. Browne, N. Racine, C. Mori, S. Tough, «Association between screen time and children's performance on a developmental screening test», *JAMA Pediatrics.*, vol. 173, n.º 3, 2019, pp. 244-250.
37. F. J. Zimmerman, D. A. Christakis y A. N. Meltzoff, «Associations between media viewing and language development in children under age 2 years», *The Journal of Pediatrics*, vol. 151, n.º 4, octubre de 2007, pp. 364-368.
38. V. Massaroni, V. Delle Donne, C. Marra, V. Arcangeli y D. P. R. Chieffo, «The relationship between language and technology: How screen time affects language development in early life — A systematic review», *Brain Sci.*, vol. 14, n.º 1, diciembre de 2023.

39. S. Tomopoulos, B. P. Dreyer, S. Berkule, *et al.*, «Infant media exposure and toddler development», *Archives of Pediatrics & Adolescent Medicine*, vol. 164, n.º 12, diciembre de 2010, pp. 1105-1111.
40. A. V. Sosa, «Association of the type of toy used during play with the quantity and quality of parent-infant communication», *JAMA Pediatrics*, vol. 170, n.º 2, 2016, pp. 132-137; M. Spitzer, «To swipe or not to swipe? — The question in present-day education», *Trends in Neuroscience and Education*, n.º 3, 2013, pp. 95-99; Spitzer, M., «Information technology in education», *Trends in Neuroscience and Education*, n.º 3, 2014, pp. 3-4; M. Spitzer, *Demencia digital*, Barcelona, Ediciones B, 2023.
41. F. J. Zimmerman, D. A. Christakis y A. N. Meltzoff, «Associations between media viewing and language», art. cit.
42. P. P. Gidwani, A. Sobol, W. DeJong, J. M. Perrin y S. L. Gortmaker, «Television viewing and initiation of smoking among youth», *Pediatrics*, vol. 110, n.º 3, septiembre de 2002, pp. 505-508.
43. A. F. Ward, K. Duke, A. Gneezy y M. W. Bos, «Brain drain: The mere presence of one's own smartphone reduces available cognitive capacity», *Journal of the Association for Consumer Research*, vol. 2, n.º 2, 2017, pp. 140-154. Otras investigaciones confirman estas conclusiones: A. C. Ruiz Pardo y J. P. Minda, «Reexamining the "brain drain" effect: A replication of Ward et al. (2017)». *Acta Psychologica*, n.º 230, 2017, art. 103717; J. Skowronek, A. Seifert y S. Lindberg, «The mere presence of a smartphone reduces basal attentional performance», *Scientific Reports*, vol. 13, n.º 1, 2023, p. 9363.
44. M. E. Schmidt, T. A. Pempek, H. L. Kirkorian, A. F. Lund, y D. R. Anderson, «The effects of background television on the toy play behavior of very young children», *Child Development*, vol. 79, n.º 4, julio-agosto de 2008, pp. 1137-1151.
45. «Uso de internet & enfermedad mental en niños & adolescentes en España, 1997-2021», Cyber Guardians. Disponible en <https://www.cyber-guardians.org/wp-content/uploads/2024/02/research-cyberguardian.pdf>.

46. S. Kosola, S. Mörö y E. Holopainen, «Smartphone use and well-being of adolescent girls: A population-based study», *Archives of Disease in Childhood*, n.º 109, 2024, pp. 576-581.
47. «¿Estás enganchado a la tecnología? El 70 % de los españoles admite estarlo», *Kaspersky Daily*, 2023. Disponible en <https://www.kaspersky.es/blog/influencia-tecnologia-spain/28625/?srsltid=AfmBOop30tLgEGuCgdIGc5tQK2U7GV8EGOXRZ0oS8M07YS98H7D92hUu>.
48. Equipo del Informe de Seguimiento de la Educación en el Mundo, *Informe de seguimiento de la educación en el mundo, 2023: tecnología en la educación: ¿una herramienta en los términos de quién?*, Unesco, 2023. Disponible en <https://unesdoc.unesco.org/ark:/48223/pf0000388894>.
49. «Age of first smartphone and mental wellbeing outcomes», Sapien Labs, 15 de mayo de 2023.
50. INSPQ, «L'utilisation des écrans en contexte scolaire et la santé des jeunes de moins de 25 ans: effets sur la cognition», Institut National de Santé Publique du Québec, 2024. Disponible en <https://www.inspq.qc.ca/publications/3434>.
51. Asociación Española de Psiquiatría de la Infancia y la Adolescencia, «Recomendaciones de uso de nuevas tecnologías en la infancia y adolescencia», APNYA, 2024. Disponible en <https://aepnya.es/wp-content/uploads/2024/06/AEPNYA-Recomendaciones-de-Uso-de-Nuevas-Tecnologias-en-la-Infancia-y-Adolescencia-1.pdf>.